省市县三级
融媒体共享联动生态的
建设图景及路径

郭小容　舒欣◎主编

经济日报出版社

北京

图书在版编目（CIP）数据

省市县三级融媒体共享联动生态的建设图景及路径 / 郭小容，舒欣主编；彭兰香，柴巧霞，李显辉副主编. — 北京：经济日报出版社，2024.12
ISBN 978-7-5196-1448-5

Ⅰ. ①省… Ⅱ. ①郭… ②舒… ③彭… ④柴… ⑤李… Ⅲ. ①传播媒介-发展-研究-中国 Ⅳ. ①G219.2

中国国家版本馆CIP数据核字(2024)第013358号

省市县三级融媒体共享联动生态的建设图景及路径
SHENGSHIXIAN SANJI RONGMEITI GONGXIANG LIANDONG SHENGTAI DE JIANSHE TUJING JI LUJING

郭小容　舒　欣　主编
彭兰香　柴巧霞　李显辉　副主编

出　　版：	经济日报出版社
地　　址：	北京市西城区白纸坊东街2号院6号楼710（邮编100054）
经　　销：	全国新华书店
印　　刷：	北京文昌阁彩色印刷有限责任公司
开　　本：	710mm×1000mm　1/16
印　　张：	12.25
字　　数：	178千字
版　　次：	2024年12月第1版
印　　次：	2024年12月第1次印刷
定　　价：	58.00元

本社网址：www.edpbook.com.cn，微信公众号：经济日报出版社
未经许可，不得以任何方式复制或抄袭本书的部分或全部内容，**版权所有，侵权必究**。
本社法律顾问：北京天驰君泰律师事务所，张杰律师　举报信箱：zhangjie@tiantailaw.com
举报电话：010-63567684
本书如有印装质量问题，请与本社事业发展中心联系，联系电话：010-63538621

编委会名单

主　　　编　郭小容　舒　欣
副 主 编　彭兰香　柴巧霞　李显辉
编委会成员　徐　瑗　吴博军　尹　俊　李亚敏
　　　　　　孙　勇　尹华正　费晓丹　李　卉
　　　　　　周　倩　李　昕　梁　蕊　彭璟文
　　　　　　史　蕾　刘泽玉　烟慕卿　祝雨欣

前　言

当前,中国的传媒生态发生了巨大变化,新媒体平台势不可挡,腾讯、爱奇艺、优酷、今日头条、快手、抖音、微视、小红书……各类新媒体应用"你方唱罢我登场",急速改变了传媒生态。在这种情境下,加快各级融媒体中心的发展,适应新的媒体生态成为必然之举。

融媒体中心肩负着宣传舆论阵地、服务基层机构、支撑媒体经济等诸多责任,各级融媒体中心之间并非孤立,多级融媒体中心的联动也关系到宣传效能的发挥。随着媒体融合改革的深入,各级融媒体中心和云平台之间也应增强协作意识与数据共享,而在技术赋能与制度变革的双重动力之下,打造一个共享型、联动型的融媒生态显得十分必要。

一、研究背景及研究意义

(一) 研究背景

推进融媒体中心的建设与改革是国家重要部署,也是国家在宣传舆论阵地建设方面的重要举措。2014年,中共中央就出台了《关于推动传统媒体和新兴媒体融合发展的指导意见》部署媒体融合发展。此后,人民日报、新华社、光明日报、上海广播电视台、东方网、浙江日报、河南日报、烟台日报、山东广播电视台、湖北广播电视台等各级各类媒体机构纷纷成立融媒体新闻中心,试行融合发展。

2016年2月19日,在党的新闻舆论工作座谈会上,习近平总书记指出,"要推动融合发展,主动借助新媒体传播优势"①。党的十八大以来,以习近平同志为核心的党中央高度重视传统媒体和新兴媒体融合发展问题,习近平总书记不仅多次发表加快媒体融合发展的讲话,更是多次前往新闻单位进行调研。2018年8月21日,习近平总书记在全国宣传思想工作会议上提出了"要扎实抓好县级融媒体中心建设,更好引导群众、服务群众"②的要求。同年11月14日,中央全面深化改革委员会第五次会议审议通过《关于加强县级融媒体中心建设的意见》,提出"要深化机构、人事、财政、薪酬等方面改革,调整优化媒体布局,推进融合发展"③。县级融媒体中心建设在全国各地展开,旨在解决县级媒体组织中存在的结构问题,打通宣传的"最后一公里"。2019年1月25日,中共中央政治局围绕全媒体时代和媒体融合发展进行第十二次集体学习,习近平总书记进一步对新型主流媒体建设作出重要指示,"我们推动媒体融合发展,是要做大做强主流舆论,巩固全党全国人民团结奋斗的共同思想基础,为实现'两个一百年'奋斗目标,实现中华民族伟大复兴的中国梦提供强大精神力量和舆论支持"④。此后,在中央的统一部署下,省市县三级相继成立融媒体中心,并积极探索适合本地特色的发展方式。2020年9月,中共中央办公厅、国务院办公厅印发《关于加快推进媒体深度融合发展的意见》,各级融媒体中心踏上了推进媒体深度融合发展的探索之路。

随着媒体融合进入深度阶段,省市县三级融媒体中心之间已并非彼此隔绝与相互竞争的独立个体,加强相互之间的协作与联动,共建融媒体生态圈,不仅能优化基层媒体资源的分配,也能提高传播的效能。本书通过对省市县三级融媒体共享联动云平台的技术开发与管理创新,助推

---

① 央视新闻. 习近平在党的新闻舆论工作座谈会上强调 坚持正确方向创新方法手段 提高新闻舆论传播力引导力 [EB/OL]. 共产党员网, [2016-02-19]. https://news.12371.cn/2016/02/19/VIDE1455885301974767.shtml.
② 唐铮. 建强用好县级融媒体中心 [N]. 光明日报, 2021-11-30 (11).
③ 中央审议通过《关于加强县级融媒体中心建议的意见》[EB/OL]. (2018-11-17) [2023-11-06]. https://m.thepaper.cn/newsDetail_forward_2645533.
④ 习近平. 加快推动媒体融合发展. 构建全媒体传播格局 [EB/OL]. (2019-03-15) [2023-11-06]. http://politics.people.com.cn/n1/2019/0315/ (1024-30978) 64.html.

省市县三级融媒体共享联动走向深入,形成传播合力,显著提升媒体"四力"。

(二)研究意义

1. 理论意义

(1)有助于丰富媒体融合及云平台建设的相关理论

本书立足于推动省市县三级融媒体云平台形成互联互通和共享联动的机制,通过对8家融媒体中心的实地调查,了解并掌握省市县三级融媒体中心的建设状况及三级融媒体中心共享联动的需求等信息,并基于长江云的技术创新提出了三级融媒体共享联动云平台的对策建议,相关研究有助于丰富媒体融合以及云平台建设等领域相关理论。

(2)有助于丰富行动者网络理论

本书将行动者网络理论引入省市县三级融媒体中心的建设实践中,并对三级融媒体中心的运作机制及现状进行调查研究,研究有助于丰富行动者网络的相关理论。

2. 实践意义

从应用方面来看,本书以长江云对省市县三级融媒体中心共享联动云平台的技术研发与应用为基础,推动融媒体生态圈的建设,为相关部门制定有效的管理措施提供智力支持。通过研究,课题组掌握了基层融媒体中心建设与发展的一手数据与资料,为媒体、第三方企业、相关管理部门深化媒体融合发展提供参考。此外,本书不仅有助于提升湖北主流媒体的"四力",还能助力地方经济、社会、文化的发展。具体表现在如下几个方面:

(1)助力媒体深度融合推进文化强省建设

省市县三级融媒体共享联动生态圈的建设能充分发挥长江云平台的技术优势,将省市县三级媒体"抱成团、结成网、连成片",从而构建起区域融合特色,有效推动区域性生态级媒体平台的建设。同时,本书也有助于推动全媒体时代新一轮重大技术革新与转型升级,实现从功能业务型向创新服务型转变,促进媒体开发新业态、提供新服务、激发新动能、引导新供给、拉动新消费，带动提升省市县媒体自我造血能力，引领全省文化和科技深度融合，推进全省进入"智能媒体"新阶段。

（2）有助于满足新时代传媒行业的核心诉求

本书通过对AIGC技术的引入，提升了融媒体云平台的智能化生产与服务水平；通过对关键信息技术设施和等级保护系统的建设，有助于打造更安全的平台，从而保障数据与业务的安全；通过对业务、数据、能力的三重开放，有助于实现省市县三级融媒体业务的多元化。因此，本书有助于满足新时代传媒行业对业务更智能、数据更安全、能力更开放的三大核心诉求。

（3）有助于促进地方经济的发展

本书通过整合省市县三级融媒体的业务资源和运营资源，推动融媒体中心的联动与互助，拓展基层融媒体中心的业务形态，在激发基层媒体造血能力的同时，也促进了地方经济的发展。

（4）有助于破解基层社会治理难题，提高治理效率

本书通过对各类政务信息化产品的研发、梳理与总结，能为各级党政部门提供破解基层社会治理难题的思路和方案，尤其是在云上问政、智慧民生、数字乡村、新时代文明实践等问题上提供了可以借鉴的案例，研究成果有助于提高基层社会治理的效能。

二、国内外研究现状

目前国内外关于媒体融合的研究已经形成了一个高潮，并逐步发展成涵盖多个研究领域的议题。综合来看，关于媒体融合理论国内外学者主要形成了四种比较有代表性的观点：一是形态融合论，持这种观点的学者大抵拥有技术研究背景，认为媒体融合主要体现在媒介形态演变方面，如约翰·帕夫利克、道尔、许颖等；二是组织融合论，持这种观点的学者大多从传媒业整体出发，从媒体机构的业务操作、组织机构的管理以及权利关系等维度来研究媒体融合，如罗杰·菲德勒、安德鲁·纳齐森、章于炎、乔治·肯尼迪和弗里兹·克罗普等；三是规制融合论，持这种观点的学者

强调媒体融合所引发的社会监管和规则的变革，如刘颖悟、汪丽、傅玉辉等；四是大媒体论或全媒体论，持这种观点的学者跳出传媒业的单一框架，认为媒体融合涉及所有与之相关的产业，如凯文·曼尼、雪莉·贝尔吉、彭兰、王菲、石长顺、高红波等。

技术赋能是媒体融合的重要引擎，这一维度的媒体融合研究比较多，目前主要集中在传媒业务领域，包括云技术的开发与利用、创新平台的建设、中央厨房的搭建、融媒体中心的建设以及 H5、VR、Vlog、5G、人工智能等各类新技术的应用等。国外关于技术与传播关系的研究可以追溯到英尼斯和麦克卢汉，大多数学者对于技术对传媒具有推动作用的观点是认可的，尤其是在媒体融合的背景下。在中国，学者们对于媒体融合中的技术议题也进行了丰富的研究和探讨，如彭兰、黄楚新、彭韵佳、宋建武、强月新、刘亚、肖珺、张春雨、张明新、常明芝等。

总体而言，国内外关于媒体融合的研究涉及面广、研究成果数量繁多，呈现出系统化、规模化、操作化、针对性等特点，这些研究或从历史的角度来探寻媒体的内涵和演进趋势，或从具体的实践案例总结媒体融合的经验，或从媒体融合相关技术与平台的开发与建设出发探索媒体融合的道路，或从媒体融合的制约因素思考体制、管理和媒体责任问题，表现出较强的问题导向意识，为本书提供了丰富的材料和有益的观点。然而也存在经验描述多、理论探讨少，现象描述多、深层思考少，"回响式"研究多、研究深度广度有限，过分迷恋技术的力量、忽略了媒体融合其他影响因素等问题，为本书留下了空间。

三、研究思路和方法、重点难点及创新之处

（一）研究思路

本书为应用型、对策型研究，以"云平台"和"省市县三级融媒体中心"作为基本观测点，以"数据共享""多方协作"为理念，立足于打通省市县三级融媒体中心和各类媒体云平台的区隔，形成资源共享、互联互通的格局，提升主流媒体的影响力。具体研究思路如图 0－1 所示：

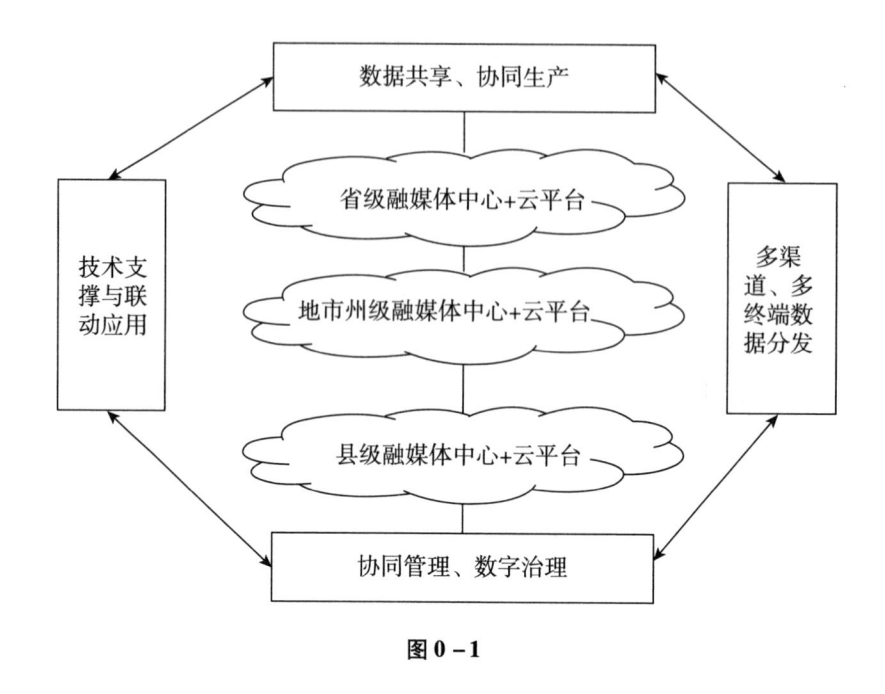

```
        数据共享、协同生产
      ┌─────────────────────┐
      │                     │
      │  省级融媒体中心+云平台  │
技术            │                │    多渠
支撑     地市州级融媒体中心+云平台      道、多
与联            │                │    终端数
动应            │                │    据分发
用      县级融媒体中心+云平台
      │                     │
      └─────────────────────┘
        协同管理、数字治理
```

图 0-1

（二）主要研究方法

本书将综合运用文献法、个案研究法、深度访谈法等多种研究方法。①文献法。系统搜集国内外关于媒体融合、云平台建设的相关著作、论文、政策文件、媒体案例、相关数据等文献资料，为本书研究提供理论支持。②个案研究法。以国内外多家媒体云平台建设和创新实践为案例，分析与比较这些媒体在云平台建设方面的实际应用情况，尤其是关注他们在技术革新、内容生产、渠道建设、应用创新等方面的经验，从而有针对性地优化省市县三级融媒体共享联动生态圈的建设策略。③深度访谈法。对各地融媒体中心和云平台的负责人、主要部门管理人员进行访谈，以获取他们对于融媒体生态圈建设的相关经验、意见和建议，为后续研究提供支撑。

（三）研究的重点、难点及创新之处

1. 研究的重点

本书的研究重点在于推动省市县三级融媒体共享联动云平台的技术研发与内容生产流程再造，实现多方协同数据采集、内容生产与渠道分发。

当前媒体融合已经走向深入，各地也建设起了相应的融媒体中心或云平台，但是这些组织或机构之间在交流与联动方面，仍然存在一些不通畅的问题，而本书致力于通过对技术的研发与管理的创新，推动省市县三级融媒体中心在数据采集、内容编辑与制作、内容分发、数字化管理等诸多方面实现共享与联动。

2. 研究的难点

本书的研究难点在于提出并构建省市县三级融媒体共享联动的管理变革与制度创新方案。由于省市县三级的各融媒体中心或云平台在工作方式与方法、人力资源及队伍建设、激励机制与应急策略等方面存在着一些地域性差异，要在日常运作及运营管理中实现统一布局、协同管理还是有相当大难度的，这是本书的一个研究难点。

3. 创新之处

本书致力于打破当前各级融媒体中心和广电云平台相互独立、彼此竞争、联动较少的局面，通过技术的研发和管理模式的创新等多条路径，推动省市县三级融媒体共享联动云平台的技术研发与应用推广，促进各级融媒体中心和广电云平台在技术能力输出、信息内容通联与分发、三级运营服务、大型活动组织等诸多方面实现数据资源与业务的共享与联动，推动广播电视产业上下游各个环节参与机构间建立信任机制，提升整体资源开发效率。

目 录

第一章 融媒体中心运作模式从两级到三级的跃迁 …………… 1
 第一节 区域型、生态型省市县三级融媒平台的形成 ………… 3
 第二节 省市县三级融媒体共享联动生态的运行机制 ………… 9

第二章 省级融媒全面布局，构建区域媒体融合新生态 ………… 15
 第一节 长江云："1+N"模式助推县级融媒体中心成长
    壮大 …………………………………………………… 18
 第二节 湖北日报：打造"一体共生"融媒矩阵 ……………… 23

第三章 市级融媒承上启下，积极推动三级融媒共享联动 ……… 27
 第一节 宜昌三峡日报融媒体中心：构建数字化智慧传播
    体系连通内外 ………………………………………… 29
 第二节 恩施市融媒体中心："新闻+地域文化宣传"
    推进融媒建设 ………………………………………… 42

第四章 县级融媒积极创新，多样化推进融媒体中心建设 ……… 49
 第一节 赤壁市融媒体中心："轻资产、重功能"模式推进建设 … 51
 第二节 夷陵区融媒体中心："媒体融合+文化传承"
    助推县融发展 ………………………………………… 58
 第三节 秭归县融媒体中心："农产品+数字乡村"
    助力县融增效 ………………………………………… 70

第四节　利川市融媒体中心："新闻+城市营销"推动县融建设 …… 78

第五章　省市县三级融媒共享联动生态建设的问题与挑战 ………… 85
　　第一节　从数字化向数据化转型困难 ……………………………… 87
　　第二节　省级平台能力无法适应不断增长的基层媒体需求 ……… 88
　　第三节　管理体制难以适应多样化的发展形势 …………………… 97
　　第四节　基层融媒资源稀缺发展动力不足 ………………………… 104
　　第五节　融媒体中心深度改革推进困难 …………………………… 112

第六章　技术赋能省市县三级融媒体共享联动生态圈建设 ………… 119
第七章　三级融媒共享联动生态的管理变革与制度重塑 …………… 135
第八章　省市县三级融媒的资源共享与配置变革 …………………… 159

参考文献 …………………………………………………………………… 173
附录：调研及访谈大纲 …………………………………………………… 179

第一章　融媒体中心运作模式从两级到三级的跃迁

第一章 融媒体中心运作模式从两级到三级的跃迁

深化融媒体中心建设是一项国家决策，也是各地媒体在激烈的竞争与自身宣传舆论阵地建设的双重挑战下做出的自主选择。当前，我国的媒体融合已经走过了十年的发展历程，在这十年时间里，各地媒体都在进行探索和革新。例如湖北广播电视台就围绕"移动优先""一体化发展""全媒体传播体系建设"等主题开展媒体实践，并通过"抱成团、结成网、连成片"的三级融媒体中心建设思路，将长江云平台打造成为全国区域性生态级媒体平台①。

第一节 区域型、生态型省市县三级融媒平台的形成

一、融媒体中心建设是媒体深度融合的工作重点

2013年8月19日，习近平总书记指出"要适应社会信息化持续推进的新情况，加快传统媒体和新兴媒体融合发展，充分运用新技术新应用创新媒体传播方式，占领信息传播制高点"②。2014年，中共中央出台《关于推动传统媒体和新兴媒体融合发展的指导意见》部署媒体融合发展战略。当年，人民日报、新华社、光明日报、上海广播电视台、东方网、浙江日报、河南日报、烟台日报、山东广播电视台、湖北广播电视台等一系列媒体机构纷纷试行融合发展。2016年2月19日，在党的新闻舆论工作座谈会上，习近平总书记又指出，"要推动融合发展，主动借助新媒体传播优势"③。此后，更多的媒体将融合发展作为发展方向，并加入融媒体中心建设的浪潮当中。

2018年以来，中央将建设融媒体中心作为深化广电体制改革的重点举

---

① 郭小容，赵轶. 广连接 深联结 超链接：湖北广播电视台的媒体融合探索［J］. 中国记者，2023（8）：34-36.
② 张洋，金歆. 弘扬主旋律 传播正能量［EB/OL］. 人民网－人民日报，［2023-07-18］. https://politics.people.com.cn/n1/2023/0718/c1001-40037666.html.
③ 杜尚泽. 习近平在党的新闻舆论工作座谈会上强调：坚持正确方向创新方法手段 提高新闻舆论传播力引导力［N］. 人民日报，2016-02-20（1）.

措进行部署。媒体深入融合工作逐渐从省一级媒体延伸到基层媒体。同年11月14日，中央全面深化改革委员会第五次会议审议通过《关于加强县级融媒体中心建设的意见》，县级融媒体中心建设在全国各地展开，旨在解决县级媒体组织中存在的结构问题。此后，各地县级融媒体中心建设进入高潮，出现了浙江长兴、河南项城、湖北赤壁、江苏邳州等建设典型。2019年1月25日，中共中央政治局围绕全媒体时代和媒体融合发展进行第十二次集体学习，习近平总书记进一步对新型主流媒体建设作出重要指示。县级融媒体中心建设进一步加快，到2020年底，县级融媒体中心建设基本实现了全国全覆盖。2020年9月，随着《关于加快推进媒体深度融合发展的意见》的发布，各级融媒体中心在建设的基础上开始探索如何将媒体融合发展推向深入。至此，省县两级融媒体中心运作模式初步形成，这也是中国媒体的又一次升级换代。

二、建设市级融媒体中心是地市级媒体的自救之路

在这一轮改革过程中，处于省县两级中间的地市级媒体似乎面临着一个尴尬局面：省级融媒体资源雄厚，县级融媒体则有政策倾斜，而地市级媒体则面临影响力不强且新的传播渠道尚未建立的困境。省级媒体和县级媒体已经陆续完成了融媒体中心的建设与革新，而地市级媒体却因为种种原因未能搭上这列"班车"。在这种情况下，不少地市级媒体尝试通过媒体融合建立融媒体中心的思路，改变思维模式，提升新闻采编能力，重新打开渠道。

从2019年开始，一些地市州媒体就开始了媒体融合尝试。如黔西南广电就另辟蹊径采取纵向融合的方式与贵州省级媒体合作，通过整合要素资源、打造中央厨房、建设指挥系统、争取政策支持、争取技术支撑、开拓地方市场、建立顺畅的沟通机制等一系列改革措施，完成了融合体系的改造。2022年4月试点名单确定，地市级媒体相继踏上了因地制宜、扎实推进的媒体融合道路，涉及范围包括内蒙古、江西、贵州、甘肃、新疆、湖北、云南等省（自治区）辖内。在建设模式方面，有些地方采用"报台合

并"模式，也有报台分别成立融媒体中心，如宜昌市就分别以《三峡日报》和三峡广播电视台为依托，成立了宜昌三峡日报社融媒体中心和三峡广电融媒体中心两家地市级融媒体中心。

地市级融媒体中心的建立，逐渐帮助地市级媒体找到了新的空间，作为地市级区域宣传中的主力军，由于生产流程的重构，资源与要素得到整合，它更有助于自身发挥统筹、汇总、引领基层舆论等功能。

三、两级融媒的弱势与三级融媒共享联动生态的形成

随着县级融媒体中心建设的顺利完成，当前，省县两级融媒传播体系已经完全建立。其中，省级融媒体中心作为整个体系的第一级，是技术支撑平台和区域传播平台，而县级融媒体中心作为这个体系的第二级，是基层内容、服务、业务运营的主体，也是最接近百姓的一级。

（一）两级融媒运行模式的现存问题

然而，在实际运作中，省县两级的融媒体传播体系却存在许多问题，主要表现如下：

第一，省级融媒体中心与县级融媒体中心之间的沟通与衔接经常出现"断连"或"梗阻"情况。一方面，由于区域性阻隔问题，基层信息往往不能准确、完整地反馈给省级融媒体中心；另一方面，省级融媒体中心向下传递信息或任务时，由于缺少地市级这个关键性的信息中转站，而出现信息的"梗阻"问题。这种情形在突发性事件暴发期间表现得更为明显。

第二，政府机构的设置与融媒体中心的设置不完全匹配，在地市级出现了薄弱环节，从而在宣传管理方面出现了一定程度的"混乱"，导致了多头管理等问题的出现。从一定意义上来说，中国的融媒体中心改革是党和政府面对复杂的现代信息传播格局做出的重大决策，具有一定的政策内因驱动作用，而融媒体中心的成立也是利用最小的资源，最大程度地将基层的新闻、宣传等功能聚焦在一起。如何将新闻、宣传、政务、服务、商务、党建等诸多工作集成起来，用最小的精力实现最大的产出，这才是融媒体中心建设的意义所在。在两级格局中，融媒体中心的发展布局由于缺

少处于中间环节的地市级融媒体中心，从而导致地市级的新闻宣传资源分散，效率低下。只有补齐这一短板，才能有效解决上下沟通不畅的相关问题。

第三，地市级媒体在资源占有方面往往相对有限，在新闻舆论阵地建设及舆情反馈、基层治理等方面，经常出现反应迟缓、治理延时等一系列问题。而建立融媒体中心，一方面，能有效汇聚分散的媒体资源，集中优势力量完成舆论阵地建设和信息枢纽建设的任务；另一方面，也能帮助地市级媒体解决生存和发展问题。事实上，在实行融媒体中心改革之后，大多数地市级融媒体中心相比于之前都焕发出了新生与活力，不少地市级融媒体中心也找到了自己的特长所在。

(二) 省市县三级融媒体共享联动的运行模式及意义

1. 构建省市县三级融媒体传播体系的意义

之所以要构建省市县三级融媒体传播体系，是因为三级融媒体相对于两级融媒体而言，能有效打通阻碍信息传播的诸多"梗阻"，促进信息的上传下达。地市级作为上承中央和省、下接区县的重要"桥梁"，在国家治理体系和治理能力现代化建设过程中发挥着越来越重要的作用。而地市级融媒体中心正好处于融媒体中心发展布局中的"中间架构"环节，是上情下达的重要枢纽和信息中转站。比起中央和省级融媒体中心，它更接近基层百姓，能获取更多鲜活的一手资料，而相比于县级融媒体中心，它又有一定的资源和区位优势，更有助于资源的汇聚，这些优势帮助地市级融媒体中心迅速找到了自己的发展方向。

2. 省市县三级融媒体共享联动的运行模式

当省县两级融媒体运作模式转变为省市县三级融媒体运作模式后，形成了新的传播格局，具体表现如图1-1所示：

3. 省市县三级融媒体中心各自的职责与任务

在新的传播格局之下，省级、地市级、区县级融媒体中心相互之间可以实现技术、信息、资源、管理等的协同与共享，同时也能与外部的其他媒体产生沟通联系，三级融媒体中心各自承担着不同的职责。

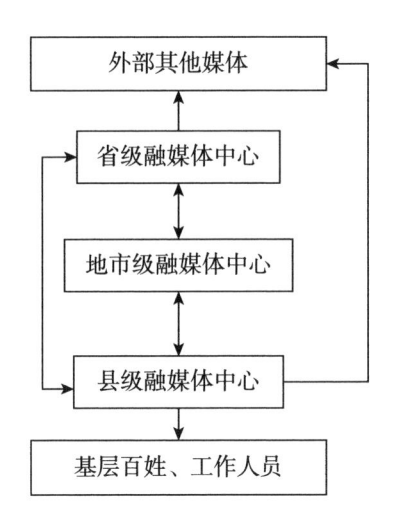

```
┌─────────────────┐
│   外部其他媒体   │◄──┐
└────────┬────────┘   │
         ▼            │
┌─────────────────┐   │
│   省级融媒体中心 │───┤
└────────┬────────┘   │
         ▼            │
┌─────────────────┐   │
│  地市级融媒体中心 │   │
└────────┬────────┘   │
         ▼            │
┌─────────────────┐   │
│  县级融媒体中心  │───┘
└────────┬────────┘
         ▼
┌─────────────────┐
│ 基层百姓、工作人员 │
└─────────────────┘
```

图 1-1　省市县三级融媒体共享联动的运行模式

省级融媒体中心是三级融媒共享联动生态中的"大动脉"，也是整个系统顺利运行的基石，为地市级融媒体中心和区县级融媒体中心提供技术支撑、管理经验和相关资源的支持。省级融媒体中心需要建成省级技术平台和区域性传播平台，要打造自身有特色的新媒体品牌，并为服务地方经济和社会发展提供优质服务。

地市级融媒体中心是三级融媒共享联动生态体系中的"支动脉"，也是承上启下的环节。胡正荣教授认为，"地市媒体融合之后的形态，就是把地市级的资源，按照互联网思维配置到自主可控的自有平台上，形成一个覆盖地市全域的综合治理的全媒体平台。这是它的定位，也是它最终的形态"[1]。按照这个思路，地市级融媒体中心需要汇聚地市级范围内政务、服务和商务类资源，并将这些资源用于自主可控的自有平台的生产上，加上第三方矩阵的辅助，从而实现它承上启下的功能——既做好新闻宣传工作，实现上情下达；又反映百姓舆情，及时上报各类信息，做好下情上达。此外，在建设过程中，地市级融媒体中心还要坚持因地制宜、因势利

---

[1] 徐彦琳. 报社+广电=市级融媒体？市级媒体融合的最终形态是什么？[EB/OL]. [2022-06-16]. https://new.qq.com/rain/a/20220616A03Yk400.

导、灵活机动的原则，积极探索适合自身的融合发展模式，既可以各自为政建设融媒体中心和传播平台，也可以做好资源统筹和机构整合，联合其他地市级媒体共同打造市级融媒体中心。在这方面，宜昌三峡日报传媒集团做出了较好的尝试，后文将做详细分析。

区县级融媒体中心是共享联动型融媒大体系中的"微小动脉"，在融媒体中心发展布局中处于第三级，要尽量做到全覆盖。目前，全国已经实现了县级融媒体中心建设的总体布局。很多县级融媒体中心结合本地特色，整合县域范围内的相关资源与平台，成为区域信息枢纽，并面向上级融媒体中心做好连接，让上级的资源顺利配置到基层相关部门。真正实现通过聚合全域资源和服务，让信息多跑路，让服务多跑路，让百姓少跑路，从而推动国家和地方有效治理的实现。

省市县三级融媒体共享联动传播体系建立的目的就是要实现信息的全连通，广泛打通新闻、政务、服务、商务这四大板块，将国家治理体系中对应的各级功能与这四大板块相连通，真正实现信息与数据的共享共融、协同治理。

（三）湖北广播电视台生态型融媒平台的构建

湖北广播电视台按照"一地一端"的布局，以市县融媒体中心为基础，构建起贯通省市县三级，实现信息、资源共享的区域性生态级媒体平台——长江云，初步实现党的声音全覆盖、信息传播全媒体、新闻政务全汇聚、网络舆情全管控[1]。

自2014年起，湖北广播电视台就开始着手利用云计算、大数据等技术手段，建设覆盖全省127个市县的云上系列客户端，经过9年多的努力，将省市县三级融媒体网罗在一起，形成了"抱成团、结成网、连成片"的传播格局。在内容生产方面，打造传播矩阵，实现跨域连接，推出精品内容，这也是湖北广播电视台推动媒体深度融合的重要举措。2021年初，湖

---

[1] 郭小容，赵轶. 广连接 深联结 超链接：湖北广播电视台的媒体融合探索[J]. 中国记者，2023（8）：34-36.

北广播电视台整合内部资源打造了新闻"1+4"、非新闻"1+N"的传播矩阵，2023年5月又组建新闻中心和国际传播中心，通过着力打造精品内容，推出品牌活动，实现跨时空链接，推动区域媒体深度融合。

在生态型融媒平台建设方面，长江云构建的"1+N"媒体平台模式不仅实现了新闻资源的共享共通，也将各级政务资源汇集到这个网络之中，形成省市县三级联动政情信息资源库，实现了政务信息和服务的可视化、全透明。同时，该平台还通过聚合多种垂直应用，建成了面向群众的综合服务平台，从而助力基层媒体介入社会治理。除了资源共享，长江云还整合了平台运营资源，并以运营联结为核心，将全媒体直播打造成县级媒体创收主渠道。平台每年在全省范围内发起直播超1000次，最高峰时一周直播50场，直播成为县级媒体的又一大内容业务[①]。

总之，湖北广播电视台通过发挥平台技术优势、加强媒体多级联动、推进政务信息公开等方式实现了"新闻+"和媒体的平台化；通过以内容连接为基础，提升基层媒体的生产能力，以运营连接为核心，提升基层媒体的造血能力，以社会联结为突破口，助力基层媒体介入社会治理等方式，实现了深耕基层服务，助力社会治理能力的突破；通过联结内部资源、链接行业资源的方式，推动区域媒体深度融合，实现了跨域链接[②]。

第二节 省市县三级融媒体共享联动生态的运行机制

省市县三级融媒体共享联动生态究竟是如何实现运作的，机制如何？拉图尔等的行动者网络理论提供了一个很好的思路。

一、行动者网络理论溯源

行动者网络理论由巴黎学派的米歇尔·卡龙（Michel Callon）、布鲁诺·拉图尔（Bruno Latour）和约翰·劳（John Law）提出，行动者（ac-

---

[①] 郭小容，赵轶. 广连接 深联结 超链接：湖北广播电视台的媒体融合探索[J]. 中国记者，2023（8）：34-36.

[②] 同①.

tor）、网络（network）、转译（translation）是该理论的三个核心。该理论强调人类和非人类都可以成为社会行为的行动者，每一个行动者都是一个结点（knot 或 node），行动者之间相互认同、相互协调、相互依存，人类和非人类的其他实体经通路形成某种"组合关系"，进而构成行动者网络。在该网络中，没有中心，也没有主客体之间的对立，而非人类的行动者通过有资格的"代理人"（agent）来获得主体地位[1]。作为结点的异质性行动者通过不断地协调、定义及重新定义进而塑造了社会[2]。而转译是其中的关键。转译是行动者将其他行动者感兴趣的问题转换为自己语言的过程，通过这一过程不同的行动者方能被联结。卡龙认为，转译的过程包括问题化（problematization，即创造行动的必经之点）、利益关系化（interessement，即将锁定其他参与者的角色）、招募（enrolment，即将各方行动者纳入行动者网络之中）、动员（mobilization，即成为其他行动者的转译代言人）四个阶段，而这些阶段是交织在一起的，每当行动者实现了其中一个阶段就完成了一次协商[3]。杨欣悦、袁勤俭认为，行动者网络就是在不断转译的过程中动态联结而成的[4]。

行动者网络理论摒弃了传统的社会学理论中的主客体、行动与结构之间的二元对立，将非人行动者纳入到网络之中，并赋予了其平等地位。这对于我们研究媒体深度融合发展过程中各类非人行动者的身份、行动及与其他行动者之间的相互协调过程有着重要的启示意义。

二、省市县三级融媒体共享联动生态中的行动者网络

推动省市县三级融媒体共享联动生态的形成，这不仅是一个结构化的

---

[1] 拉图尔. 科学在行动：怎样在社会中跟随科学家和工程师［M］. 刘文旋，郑开，译. 北京：东方出版社，2005：59.

[2] Latour B. Reassembling the social：an introduction to actor‐network‐theory［M］. New York：Oxford University Press, 2007：63.

[3] Callon M. The sociology of an actor‐network：The case of the electric vehicle［C］// Callon M. Law J. &RYPA. Rip（Eds.）, Mapping the dynamics of science and technology：Sociology of Science in the Real world, London：Macmillan Press. 1986：19‐34.

[4] 杨欣悦，袁勤俭. 行动者网络理论及其在信息系统研究中的应用与展望［J］. 现代情报，2020，40（10）：144‐151.

过程，也是一个行动者网络动态协调的过程。其中，作为人类行动者的媒体内容生产者和非人类行动者的技术、媒体等共同构成了行动者网络，通过转译实现行动者网络的联结。

（一）作为非人类行动者的技术

技术不仅是推动省市县三级融媒体中心共享与联动的结构性力量，也是省市县三级融媒体中心共享与联动过程中重要的非人类行动者。法国学者雷吉斯·德布雷（Régis Debray）洞察了技术的文化效应，在他看来，技术不仅是客观化的，也是组织化的，正是制度化的社会体系赋予了技术系统以政治含义。而媒介的进化与革新是生成逻辑，也是固有趋势①。新的媒介技术在增强了先前文化之后又传递了新知识②。他还创造了媒介域的概念，认为其既客观又主观，既是设备又是部署，既是行为又是作品，既是思想化的机器又是机械化的思想③。无论是对媒介进化而言，还是对媒介转型而言，技术都不再单纯是物质化的驱动力，而是组织化社会系统中的积极行动者。技术通过对传播活动的介入生产出了新的媒介内容，同时又通过传播渠道扩散到用户当中，通过累积效应生成了新的社会文化。技术通过对文化的传承与改造勾连起其他行动者，并以自身的逻辑和价值取向积极参与到媒介的实践过程中，吸引了一些"追随行动者"。例如，智能技术就要求传播内容更具交互性和体验性，要求传播过程更具包容性和开放性。技术作为一种符号系统和观念体系参与到媒介转型中，同时也为媒介转型提供了一种新的社会情境和社会关系。在技术的推动和参与下，不仅媒体的内容生产方式、传播渠道和终端，甚至是管理方式都发生了改变，而且技术也成为重要的媒体内容，被传播给受众，从而持续不断地影响着整个传播过程。在省市县三级融媒体共享联动云平台的建设过程中，

---

① 唐海江，曾君洁. 作为方法论的"媒介"——比较视野中麦克卢汉和德布雷的媒介研究[J]. 现代传播，2019（1）：16-23.
② ［法］雷吉斯·德布雷. 普通媒介学教程[M]. 陈卫星、王杨，译，北京：清华大学出版社，2014：231-232.
③ ［法］雷吉斯·德布雷. 媒介学宣言[M]. 黄春柳，译，南京：南京大学出版社，2016：27.

作为省级融媒体中心技术支持的湖北广电长江云平台需要紧跟基层融媒发展的需求，做好技术性服务。

（二）作为核心行动者的融媒体中心

各级融媒体中心、媒体、政府、用户也是省市县三级融媒体共享联动传播体系建设过程中最重要的行动者。在共享联动云平台之下，省级融媒体中心、地市级融媒体中心和区县级融媒体中心的内容生产流程都完成了全媒体改造。信息的生产由融媒体中心的"中央厨房"来统筹管理，外部媒体、政府部门、用户等都可以成为信息生产源，生产出来的产品将被推送到省市县融媒体中心相应的传播渠道，真正实现了"一次采集，多元生产，按类分发"。

在省市县三级融媒体共享联动传播体系中，作为行动者的各级融媒体中心及媒体、政府、用户作为信息生产的"源"，通过 PGC、UGC、PUGC 等多种方式完成对信息和内容的生产，并在共享联动云平台的统一操控之下，实现信息的分发，这也是最适合当下传播情境的一种生产范式。（如图 1-2 所示）

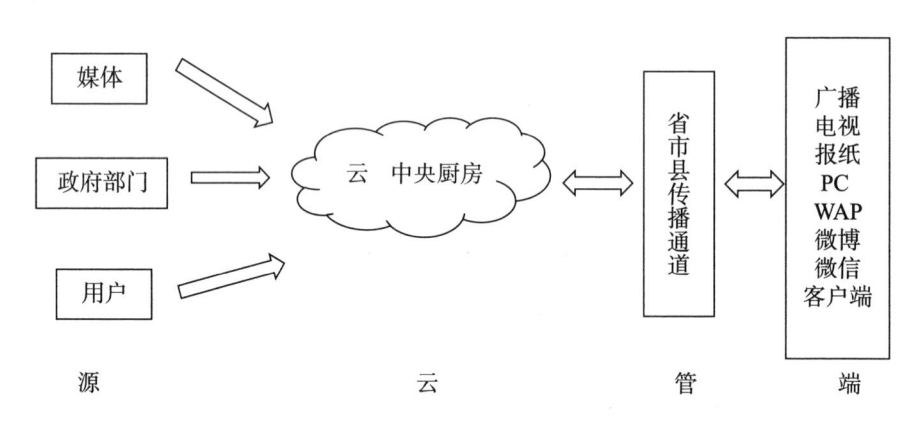

图 1-2　融媒体中心内容生产流程

（三）作为其他行动者的媒介内容生产者

在省市县三级融媒体共享联动传播体系中，作为行动者的媒介内容生产者也越发多元。除了传统的专业内容生产者，还有许多非专业的人士也加入其中。在生产环节，专业生产者会根据媒介机构的价值取向和生产指令进行内容生产，编辑室内部也会围绕共同的目标进行一系列的沟通与交流；而非专业生产者则会根据自己的理解和价值逻辑来生产相应的作品，他们不仅自行传播自己的作品，有的时候也会参与到专业媒介机构的内容生产过程当中。尤其是在社交媒体越来越流行的当下，专业媒介机构在内容生产中也会有意识地引进非专业生产者生产的内容，以丰富自己的产品形式，从而适应受众的多元需求。

三、省市县三级融媒体共享联动生态中的"转译"

转译（processes of translation）是行动者网络理论中的核心，是被转译的行动者进入网络后，对新的角色界定和利益分配进行适应并对之逐渐满意的过程。只有这样，行动者之间才会因此而产生互利，进而才能建立稳定的行动者网络。转译的过程实际上就是各方行动者不断将自身利益相互协调并逐渐达成一致的过程。

其中，问题呈现是行动者网络创建的第一个环节，核心行动者需要提出问题、界定人类和非人类参与者，确定问题的本质，指出其他行动者实现自身利益的方法，并让不同行动者关注的利益诉求被呈现出来就像问题一样，在这个阶段行动者的所有问题都会在强制通行点（Obligatory Passage Point，OPP）汇集，所有行动者的目标利益经过强制通行点后继而产生特定的联系；在利益赋予阶段，核心行动者要使其他行动者接收他们在行动者网络中的角色，并给予其他行动者以利益；征召是行动者通过各种不同的方式，让其他行动者参与到行动者网络中，并形成集体认同的过程，在这一过程中协商是必不可少的；在动员阶段，核心行动者需要高效组织行动者网络中的所有行动者，使他们承担自身的角色，发挥相应的作用，为实现共同目标而结成相对稳固的利益联盟；最后，行动者还需要时刻防范可能出现的风险，并通过协商和消除分歧的方式来促使行动者之间的合作，完成转译。

省市县三级融媒体共享联动生态的形成与运作，其实就是多个融媒体中心、多个内容与服务生产者等多方行动者，彼此认清自己的角色、确立自身发展目标，追求共同利益诉求，并不断通过协商与消除分歧等方式，为达成既定的传播目标而努力的过程。（如图1-3所示）

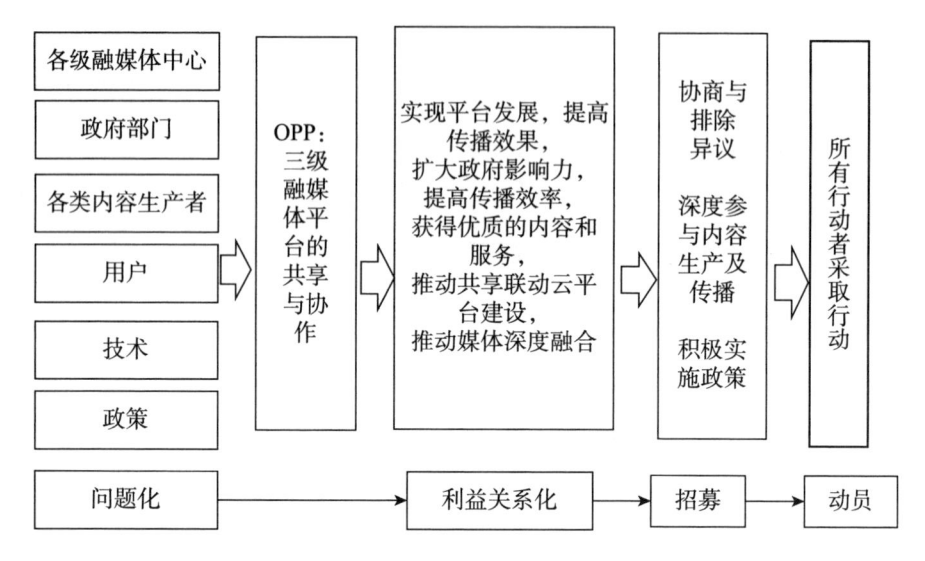

图1-3 省市县三级融媒体共享联动云平台中的转译过程

在省市县三级融媒体共享联动生态中，省级平台由省级广播电视台或日报等相关省级媒体机构来搭建，一般基于"一省一平台"的模式来搭建，这样既能节省投入，也能集中省域范围内的资源优势。例如，湖北省级融媒体平台的建设理念、技术架构和实现功能均由长江云来实现和完成。省级平台只是平台提供方、技术应用提供方，需要打通上游的资源融合和技术融通；中层的市级平台由各地市级根据本地媒体的资源优势来打造"一地区一平台"；下游的平台应用和管理运营则由各县级融媒体中心来实现，需要与上游和中游的平台进行连通，同时，还要将县域范围内的信息内容、政务、服务、商务等资源聚合，沉淀用户。总之，省市县三级融媒体平台的核心架构和功能设计要与各级融媒体中心的要求、服务体系相匹配，三级融媒体中心均要向这个平台贡献、共享、聚合自己的资源，真正建成互联互通、汇聚资源的三级信息平台、服务平台和数据中心。

第二章 省级融媒全面布局，构建区域媒体融合新生态

第二章 省级融媒全面布局，构建区域媒体融合新生态

在新的媒体生态之下，要加强全媒体传播体系建设，塑造主流舆论新格局。推动媒体深度融合发展，打通省市县三级融媒体平台，优化资源配置，成为媒体深度融合的发展方向。目前，已有不少省份着手组建省级全媒体中心，而湖北省在推动省市县三级融媒体中心共享联动发展方面走在了前列。目前全省已经实现了省市县三级融媒体共享联动生态的总体布局，并同时拥有湖北广电长江云融媒体中心和湖北日报融媒体中心两大省级平台，实现省市县三级融媒体贯通联动，构建起了区域性媒体融合新生态。

为了全面了解和掌握省市县三级融媒体中心的建设现状，尤其是共享联动的情况，本课题组于 2023 年 4 月至 10 月对湖北省内外 8 家融媒体中心的 30 多位管理人员及工作人员进行了调研，具体情况如表 2-1 所示：

表 2-1 访谈基本信息

融媒体中心名称	级别	访谈时间	访谈对象
湖北广电长江云融媒体新闻中心	省级	2023 年 4 月、9 月、10 月	负责人 H1、工作人员 H2、H3、H4
宜昌三峡融媒体中心	市级	2023 年 7 月、10 月	负责人 S1、工作人员 S2、S3、S4、S5、S6、S7、S8
恩施市融媒体中心	市级	2023 年 6 月	负责人 E1、工作人员 E2、E3
赤壁市融媒体中心	县级	2023 年 10 月	负责人 C1、工作人员 C2
夷陵区融媒体中心	县级	2023 年 7 月、10 月	负责人 Y1、工作人员 Y2、Y3、Y4、Y5、Y6、Y7
秭归县融媒体中心	县级	2023 年 7 月、10 月	负责人 Z1、工作人员 Z2、Z3
利川市融媒体中心	县级	2023 年 6 月	负责人 L1、工作人员 L2、L3
安庆市融媒体中心	县级	2023 年 4 月	工作人员 A1、A2，实习生 A3、A4

第一节　长江云："1+N"模式助推县级融媒体中心成长壮大

湖北广电长江云是湖北省最早搭建的省级融媒体平台，该平台坚持"新闻+政务+服务+商务"的定位，将全省的主流媒体整合到一张网络当中。尤其是在新闻生产和政务方面，该平台通过"1+N"的模式助推县级融媒体中心成长壮大，真正实现了省市县三级贯通联动，构建起了区域性的媒体融合新生态，也成为全国媒体融合建设的样板工程。

2016年，在湖北省委常委会的统一部署下，全省统一的移动政务融媒体平台花落湖北广播电视台长江云新媒体集团。2019年，为加快推进县级融媒体中心建设，湖北省两办发文明确长江云为湖北省县级融媒体中心建设的唯一技术支撑平台①。经过多年的发展，长江云以平台共建、资源共享、优势互补的方式，将全省主流媒体和宣传部门的资源汇集到一张网络当中，构建起1个省级融媒体云平台+N个市、县级融媒体平台的"1+N"级网络。该平台对外连通了中央级媒体以及江苏、湖南、河南、贵州、内蒙古等20多家省级主流媒体，并通过Twitter、Facebook等海外媒体渠道传播湖北声音和故事，从而打破了省市县三级媒体在媒体融合进程中单打独斗的局面，发挥平台融合生产、联动传播及合作运营的优势，带动全省各地媒体实现转型升级。

一、长江云生态型三级融媒平台的建设路径

（一）"技术引领+双中心驱动"建设自主可控云平台

湖北广播电视台针对基层宣传工作缺技术、资金和人才的三大痛点，以"技术引领+县级融媒体中心+文明实践中心"的双中心驱动为主要策

---

① 湖北广播电视台．"融媒新品牌"湖北广电长江云平台：构建区域媒体融合新生态［EB/OL］．国家广电智库，国家广电总局发展研究中心官方账号，［2023-01-14］．https：//baijiahao.baidu.com/s?id=17549891777869325868&wfr=spider&for=pc．

略,建设起自主可控的平台,解决了省市县三级宣传管理部门的管控难点。

2019—2022年,长江云平台为全省60多个县级融媒体中心建设提供了技术支撑,建设了自主可控的云上系列移动客户端,形成了"多元采集、多样编辑、多种产品、多端分发"的省市县三级媒体融合新闻生产运作流程和常态化的信息协作联动机制①。云平台的运作模型大致为:由融媒体中心或媒体云端来统一管理新闻的采集、编辑和分发,从而形成"云稿库",所有的新闻线索汇集到融媒体中心"云稿库",指挥中心选派前线记者采集符合不同媒体终端特点的新闻素材,编辑根据各媒体终端的不同要求来编辑作品,加工好的作品被分发到不同的媒体终端。

长江云以技术为引领,为全省县级融媒体中心统一提供融合生产系统,该系统涵盖线索汇聚、策划指挥、内容生产、云智能媒资库、综合服务、融合发布、大数据分析、用户管理、运营管理九大主体模块34项功能,支撑全省60个县级融媒体中心顺利通过验收。

除了推进省市县三级融媒体中心的资源共享与要素深度融合,长江云还积极推动"双中心驱动"工程,即将县级融媒体中心和新时代文明实践中心的建设相结合,推动基层宣传思想文化建设。目前,长江云在新闻宣传领域为全省三级融媒体中心提供内容汇聚与分发、数据搜集与分析、选题策划与管理等多种功能,还为全国65个地区提供时代文明实践平台支撑,注册志愿者用户总人数超过200万,入驻组织2.3万余个,发布活动9.4万余次,总服务时长超过400万小时②。

(二)"移动直播+创意活动"助力各级融媒体中心建设

2020年以后,各种类型的移动直播和创意活动成为长江云为各级融媒体中心提供的一项重要内容。从"2020年中国新媒体扶贫十大优秀案例"

---

① 参见2023年4月12日对访谈对象H1的访谈。
② 湖北广播电视台."融媒新品牌"湖北广电长江云平台:构建区域媒体融合新生态[EB/OL].国家广电智库,国家广电总局发展研究中心官方账号,[2023-01-14].https://baijiahao.baidu.com/s?id=17549891777869325868&wfr=spider&for=pc.

的全省公益直播助农活动，到2022年"九城同心向未来"的武汉都市圈媒体行活动以及"共享数字成果 共建网络文明"的湖北网络文明大会暨全民数字素养与技能提升月活动，再到2022年12月启动的"长江云穿越北纬30°"助农大直播活动……长江云通过同频共振的方式，联动中央主要新闻网站、全省各市县级融媒体中心实施了一系列创意直播活动，在为乡村振兴助力的同时，也传递了新时代的精神文明。通过这些活动，省市县三级融媒体中心之间的资源共享、行动共同、管理协同程度迅速提升，深度媒体融合得以推进。

（三）"公共服务＋公益活动"助力县级融媒体中心建设

除了新闻、政务方面的技术赋能，长江云还积极推进数字乡村建设，通过技术赋能的形式，助力基层开展智慧党建、信息培训、乡村旅游、智慧教育、文明实践、居家康养等多种基础服务，提高乡村公共服务的数字化水平。2021年长江云率先探索县级融媒体中心标准化全员培训，通过分批组织网络培训班，让全省128家媒体单位的5000多名基层媒体从业人员接受了专业化培训。2022年5月20日上线的"长江云·公益"是全国首款省级公益服务枢纽平台，平台汇聚了3万多个的公益组织和200多万志愿者，为公益活动提供平台支撑。

二、长江云对市县级融媒体中心建设的"托底"和"支撑"作用

通过1个自主可控云平台+N个机构和N种活动的形式，作为全省首家省级融媒体中心的长江云，在引领湖北省市县三级融媒体中心共享联动运作方面发挥了积极的作用。

（一）成为市县级融媒体中心建设的技术支撑

目前，湖北省的县级融媒体中心和部分地市级融媒体中心的技术支持来自湖北广电长江云。长江云通过技术输出的形式帮助市县级媒体机构聚集资源、搭建融媒体中心的技术框架，组建"中央厨房"和融媒体播控平台。在这个播控平台上，线索汇聚、选题策划、数据获取、策划指挥、人

员分配、素材采集、数据分析、素材编辑、内容分发、舆情监控与分析、综合服务、运营管理等34种功能均能实现。此外，长江云还承载省属各级融媒体中心的宣传管控功能，为相关部门提供决策参考，宣传引导舆论，传播正能量，化解负面舆论，以提升主流媒体的公信力和影响力。长江云还在不断开发新的应用场景，以期适应基层融媒体中心新的业务和场景需求。

（二）为市县级融媒体中心建设提供管理与培训支持

管理经验分享和业务培训也是长江云为湖北基层市县级融媒体中心提供的另一种支持。为了帮助基层融媒体中心工作人员提高管理水平和业务水平，长江云一直定期面向县级融媒体中心开展融媒体业务培训、新时代文明实践指导培训等专业性培训。2021年，长江云面向全省媒体和基层媒体从业人员开展县级融媒体中心标准化全员培训，以提高专业化培训的水平。2023年3月，长江云又开展"全媒体英才计划"实训营活动，面向县级融媒体中心、全省传媒公司通讯员以及各县直单位、各乡镇通讯员等，开展新闻宣传工作责任感培训、传媒业务经验分享和技巧传授等内容。

（三）成为新时代文明实践平台

新时代文明实践平台是长江云结合基层新时代文明实践活动实际，利用移动互联网、云计算、大数据、人工智能等新技术新手段建立的志愿服务平台。该平台负责省市县各类志愿信息的发布、宣传、管理及活动参与等，支持省域其他融媒体中心智能匹配志愿服务人员、队伍、资金、平台载体、项目活动等各类资源，建成覆盖"中心—所—站"三级文明实践组织体系，是基层文明实践活动的智能助手、掌上志愿者之家、服务群众的智能平台。新时代文明实践平台的建立，能有效提高志愿活动的组织效率，提升志愿活动的影响力，能够实现文明实践活动网上网下同频共振、相映生辉，还能推动基层宣传思想文化工作和精神文明建设改革创新，实现更富活力、更有成效、更持续的发展。

三、长江云发挥平台优势聚合区域媒体构建新生态

长江云发挥平台优势，将区域媒体聚合在一个云平台上，形成省市县

三级媒体融合联动效应，同时还联动高校机构，撬动社会资本，推进媒体纵深融合、产学研落地转化、产业升级发展，初步形成跨区域跨行业的纵向横向联动效益，着力构建竞争力、生命力兼备的"文化＋科技"融合新生态。

（一）整合资源，助力区域媒体抱团结网

长江云全面整合省市县三级媒体编辑资源，按照宣传主题集中策划、宣传活动统一调度，放大联动集聚效应，开创云上联动直播等形式，增强市县媒体造血能力。同时，长江云还可组建全国省级平台合作体，实现媒体的跨地域抱团发展；借助合作体各平台之间实现资源共享，共同策划组织大型活动，实现信息共享、联合宣推、共创共融、协同发展。

（二）资源链接，推动产学研落地转化

长江云依托湖北科教大省的资源优势，打通"产学研用"各个链条，让科研成果更高效地落地转化、更高质量地服务地方经济发展。一方面，长江云联合省内知名高校成立融媒学院，构筑覆盖全省的标准化培训体系，提高全省媒体从业人员的水平；另一方面，长江云又通过服务文化产业，打造了活动项目品牌。例如，长江云承办了各届湖北省大学生文化创意设计大赛，不仅助力青年学生展示自己的创意，而且还帮助成果实现签约转化。其中，第六届湖北省大学生文化创意设计大赛以"智汇文旅 创享未来——第六届"为主题，吸引了全国 5123 名大学生的参与，共收到 4588 件作品，近 20 项作品和相关人才达成合作意向。

（三）资本融合，激发产业发展活力

长江云以资本为纽带通过资本融合的形式，激发了产业发展活力，将产业链上下游的合作伙伴捆绑成利益共同体，激发文化产业的发展活力。

一方面，长江云设立服务数字文化产业基金、孵化器，通过资本融合凝聚产业资源。长江云联合武汉市洪山区政府引导基金发起"湖北长江云数字经济产业投资基金"，重点投资大数据、人工智能、虚拟现实、数字资产等具有文化、科技融合属性的数字技术应用领域，依托资本市场风险共担、利益共享的制度机制，激发产业创新活力。与湖北省高新产业投资集团、武汉东湖高新集团在长江文创产业园、光谷芯中心产业园区内分别成立了两家孵化器公司，吸引数字文化产业链上下游企业入驻合作，形成以长江云平台为龙头的产业带动效应，推进产业协同发展，助力长江云在数字文化赛道上实现弯道超车。

另一方面，启动IPO上市计划，通过资本融合促进产业升级。长江云新媒体集团已启动IPO上市工作，计划2023年引入外部投资者、2024上半年进行股份制改造，并报省证监局进行辅导备案，2025年上半年向证券交易所提交上市申报材料。上市筹集的资金将主要用于媒体融合业务研发、产业生态链条并购。通过资本赋能让长江云新媒体集团建立更适应市场竞争的现代化、规范化的企业管理架构，激发企业创新活力，推动产业向高端化、智能化方向发展，实现做大做强"新型主流媒体"和"新型媒体集团"的目标。

第二节　湖北日报：打造"一体共生"融媒矩阵

湖北日报融媒体中心作为全省第二家省级融媒体中心，发展势头迅猛，三年来新媒体用户量翻了5倍，达到2.51亿。看准当前湖北省内各主要媒体与市县区的合作仍集中于选题策划与稿件分发等初级阶段的间隙，2022年3月，湖北日报客户端正式开启与省内各县级融媒体中心的共建工作。通过在选题及活动的策划、内容的分发与营销推广、公共服务等多方面开展深度合作，构建"一体共生"型省市县三级融媒体共享联动云平台。

一、"共享+共建"构建互联互通媒体生态

在技术支撑方面，湖北日报在客户端方面通过与省内市县区融媒体中心共建频道、共享技术资源和频道资源，让工作流程更高效、集约；在内容资源方面，由省级媒体分享工作流程、制作经验和管理经验，省市县三

级融媒体中心通过共同策划大型选题，各展所长采集内容，提高内容生产的效能；在人才培养方面，一方面，湖北日报与市县区融媒体中心开展常态化宣传报道合作，通过协作方式提高市县区融媒体中心的内容采制能力，另一方面，湖北日报还利用自身强大的人力资源优势，对市县区融媒体中心的工作人员开展实用技能培训；在业务推广与引流方面，湖北日报发挥省级全媒体平台的枢纽作用，将各级融媒体中心制作的优质新媒体内容、相关业务积极推广到其他渠道，并做好对重要内容的引流推广、对重要文章的定制推送、对重大活动的推介等服务。

综合来看，依托地方频道作为连接点，湖北日报与各市县区融媒体中心在选题策划、作品生产、以产代培等方面实现了共建、共享、互通、共治，并在媒体深度融合发展方面进行了有效探索，通过打通上下联动协作的传播渠道，省市县三级融媒共享型传媒生态初步形成。目前，湖北日报融媒体中心上大量鲜活、灵动、有特色的作品都是由各县市区融媒体中心采集供稿的。

二、"跨区域+跨行业"隔空联动

除了在新闻宣传领域开展联动与协作，湖北日报还与各县市区融媒体中心隔空联动开展跨区域、跨行业、跨领域的合作，共建共享区域传播平台。例如，2023年2月25日，湖北日报就与武汉市的7家区级融媒体中心联合打造《打开武汉的春天》"云赏花"直播活动，活动在湖北日报客户端、微信、抖音号、快手号和各区融媒平台同步推出，全网点击量近1000万。5月18日，湖北日报又与10家县市区融媒体中心联合，以省内10家博物馆为主题，进行"博物馆奇妙日，一起寻宝荆楚"联动直播。在活动策划上，湖北日报充分考虑10家博物馆的专业特色和10个县市区融媒体中心的特长，并将特色活动穿插其中，如八七会议会址纪念馆的"小小讲解员活动"、"云游"盘龙城遗址博物馆、"打卡"中国水杉博物馆等。博物馆直播活动在湖北日报全媒体矩阵、10家县市区融媒体中心矩阵中不间断直播7个小时，湖北省文化和旅游厅的官方抖音号、视频号也进行了同步转播，88家县市区频道联合置顶，全网点击量超251万人次[①]。除了直播活动外，湖北日报客户端还考虑增设民生服务类栏目、开展常态化"众筹"报道，进一步推进省级平台资源下沉。

总之，湖北广电长江云和湖北日报融媒体中心两家省级融媒体中心充分发挥技术支撑、平台资源、管理经验等优势，通过报道众筹、活动联动、人才培训等诸多途径，帮扶市县区融媒体中心成长壮大，助力省市县三级融媒体中心共享联动。

---

① 赵琳，娄雅玲.湖北日报全媒平台"新玩法"十家县融隔空联动 携手直播七小时［EB/OL］.［2023-06-06］.https：//epaper.hubeidaily.net/pad/content/202306/06/content_227895.html.

第三章　市级融媒承上启下，积极推动三级融媒共享联动

第三章　市级融媒承上启下，积极推动三级融媒共享联动

地市级融媒体中心作为沟通省级与县级融媒体中心的桥梁和纽带，需要在共享联动型融媒体生态中充分发挥承上启下的作用。在这方面，宜昌三峡日报融媒体中心和恩施市融媒体中心等做出了一定的探索。

第一节　宜昌三峡日报融媒体中心：构建数字化智慧传播体系连通内外

宜昌三峡日报融媒体中心于2022年4月挂牌成立，目前运营两种报纸、三种期刊、两个电视频道、三个广播频率、三个移动客户端、四个核心网站、六个微信号、五个抖音号、一家手机报和一家出版社，中心主要媒体均进驻重点央媒互联网平台，传统媒体与新媒体受众数量突破2000万。在技术支撑方面，采用自主研发的省市县一体融媒体管理平台，上连省云平台，下接各县市区融媒体中心，支持对外联动，通过融媒体中心中央厨房对接学习强国平台、人民号、澎湃问政、今日头条、长江云等多平台。通过全面数字化改革，构建了一个连接省市县三级融媒体的数字王国，新闻宣传、产业发展、技术创新等各项重点指标跃居全省地市前列，为加快建设长江大保护典范城市营造良好舆论氛围。

一、全平台推动数字化革命

数字新闻学理论认为，全球政治经济结构与不同的本地文化传统，以及不断宣称"中立"的技术，都在共同塑造一种总体性的新闻生态系统（news ecosystem），它们决定着新闻流通的主导权从媒体机构向数字平台的迁移[1]。面对新的媒介生态，宜昌三峡日报融媒体中心在全平台推行数字化革命，以期推动媒体融合深度发展。集团引进大量的技术人才，在数字化系统的研发及应用上下功夫，"我们采用的是自己的系统，目前有一半

---

[1] 常江，杨惠涵. 从创新实践到价值标本：全球新闻客户端观察[J]. 南方传媒研究，2023（3）：19-28.

以上的员工都出身计算机等技术型专业，这为全平台的数字化运作提供了基础"①。除了在数字基础设施上进行投入，还将"举旗帜、聚民心、育新人、兴文化、展形象"设定为数字化改革的目标，进而坚持团结鼓劲、正面宣传、守正创新、深化改革成为改革的方向。宜昌三峡日报融媒体平台还以地市媒体融合发展国家试点建设为重要契机，以共同缔造理念创新打造共建共治共享的媒体融合新格局，成功建成数字党建研发运维中心、政务新媒体技术中心、全媒体新闻发布中心、数字媒体会展中心、数字媒体算力中心、数字媒体采编中心、数字传媒研究中心七大数字化体系，深度融入地方经济社会发展的大生态体系。

（一）采编中心数字化改造

采编中心的数字化改革是宜昌三峡日报融媒体中心数字化体系建设的核心。在转型过程中，宜昌三峡日报融媒体中心在对现有媒体、平台、账号进行分级清理的基础上，全力打造新型传播平台，推进平台关停并转。如关掉了宜昌头条、三峡日报发行部等一批受众少、影响力弱的平台，将"三峡广电"微信公众号更名为"白龙岗纪事"，并主要发布政务信息，实现差异化信息发布，提升平台发布效能。

早在2015年，三峡日报传媒集团就开始了媒体融合改革的进程。作为中部地方报业中坚的三峡日报传媒集团党委书记、董事长罗春烺亲自挂帅，成立了集团"引导力中心、生产力中心、影响力中心、传播力中心"，为媒体融合发展铺路。2016年，经过技术、财力和理论的积累，罗春烺又成立了三峡日报传媒集团"全媒体新闻采访中心"，打造具有地方特色的"中央厨房"，并从采编力量调集、平台设计、流程再造和机制建立等多个方面进行指导建设。此后，中心调整优化"中央厨房"线索研判、组织策划、指挥调度职能，探索建立中心（集团）重大主题宣传协同报道机制，优化调整"策、采、编、审、发"流程，进一步优化健全全媒体采编流程。加强精品内容生产策划，紧紧围绕中心工作、重大主题、重要活动推

---

① 参见2023年7月19日对访谈对象S1的访谈。

出一批高质量融媒体新闻产品。开通学习强国平台账号，做好"宜昌头条""宜昌观察"等栏目创设运维工作，持续加强中央、省市县平台互融共通，建立外宣内宣联动的融媒体宣传格局。2022年挂牌成立的宜昌三峡日报融媒体中心，更是锚定"科技+文化""新闻+服务""新闻+政务""新闻+商务"的发展路径，立足基层实际全力推进数字化转型，创新探索媒体深度融合发展路径取得实际成效。

宜昌三峡日报融媒体中心围绕"媒体+政务+服务+商务"的定位，积极打造智能化的全媒体传播体系。据S2介绍，主要以自办的三峡云APP、云上宜昌APP、三峡宜昌网为核心平台对接各个权威信源，包括宜昌市政府网、宜昌发布、中层媒体以及各县级融媒体中心等，所有的信息汇聚后上传到云端再发布，主要在移动端平台发布，包括两微一抖、视频号、报纸、电视、广播、杂志等。在平台上和各个县市区的融媒体中心单点对接，汇聚一体，同时也给县市区赋能。此外，还在微信平台做数据新闻以及全景VR展示宜昌风景等内容[①]。

（二）建设数字乡村一体化平台

大数据技术和智能算法为宜昌三峡日报融媒体中心的数字化体系提供了技术支撑。作为湖北省首家省市县一体融媒体中心的设计建设单位，宜昌三峡日报融媒体中心利用大数据技术，积极开展数字乡村服务体系建设。该集团新媒体公司拥有全省地市媒体唯一的互联网传播国家高新技术企业资质、全省地市第一张互联网视听许可资质、宜昌唯一的政务新媒体工程技术研究中心资质，为辖区县级融媒体中心建设了数字乡村一体化平台的接入入口。

宜昌三峡日报融媒体中心开发的数字乡村一体化平台搭载了物联AIOT云平台，不仅可提供宜昌市范围内的地域热点和舆情分析，还集纳了智慧农村服务，联网的辖区村委会和种植户可在线实时监控家中农作物基地的温度、湿度和水位等气象指标。同时平台还为农户提供数字化科学种植的

---

① 参见2023年7月19日对访谈对象S2的访谈。

服务，用户通过手机即可监控柑橘等农作物的灌溉、施肥、除虫、剪枝、育种等多样化的服务，为智慧乡村建设提供了技术支撑①。

（三）推动数字化管理体系建设

推动数字化管理体系建设也是宜昌三峡日报融媒体中心数字化改革中的重要组成，主要采用了建设全媒体基础数据库、创新信息资产运营模式、强化信息资产管理发展等方式。

1. 建设全媒体基础数据库

宜昌三峡日报融媒体中心把信息资产作为核心资源，着手建设全媒体信息资产管理及应用系统，实现了出版生产环节、经营管理、内容资源集成应用、网络协同工作方式的信息化和数字化，建造集待编稿库、历史资源库、成品库为一体的出版数据库，还建立了读者资源数据库（发行数据库）、广告资源数据库（客户数据库）、分类信息数据库等，积极运用现代信息技术推动媒体资源整合，深度挖掘信息资产效益。在已有数字出版数据的基础上，中心启动了历史报纸数字化项目，建设高标准的信息资产数据库，为信息资产运营奠定坚实的基础。

紧盯互联网传播领域技术发展前沿，积极加强同中央、省主流媒体和一线互联网企业的合作，依托严格规范的政治审核把关程序、深厚的文案策划实力和技术支撑实力，创新运用文图、动画、音视频表达元素和先进传播技术，集成建设运维宜昌市县两级政务网站集群、市县两级政务移动新媒体集群和宜昌智慧党建、新闻传播、文明创建、纪检监察等党政部门信息化平台，增强了主流新闻的传播力、引导力、影响力、公信力，成为区域互联网新闻宣传的生产、发布、传播中心和信息集成中心。

2. 创新信息资产运营模式

宜昌三峡日报融媒体中心以在建的信息资产数据库为依托，不失时机地进行创新运营和创新产品开发。同样的内容信息，充分利用时间差，将某一媒介上已经由市场证明是成功的作品，转移到另外一种媒介进行二次

---

① 参见2023年7月19日对访谈对象S8的访谈。

出版，甚至为消费者量身定制。跨媒介出版是该中心摸索出的一种产品开发新方式。例如，面对《山楂树之恋》的大 IP，三峡日报从原著的报纸连载开始持续关注，到 2010 年的电影制作，再到电影公映和后续产品的开发，三峡日报始终高度重视，不仅安排专门的记者、编辑跟踪《山楂树之恋》的进展，报纸、网站、手机报、音像出版、图书出版等多种媒体适时协同跟进，同时还制作了大型电视纪录片《走进》，在电影首映日推出图书《解码》，后续还在影片拍摄地百里荒进行旅游观光打卡活动，举办百里荒热气球之旅、百里荒清凉节、百里荒音乐节等特色主题活动，深度开发这个 IP，创造了较好的经济效益和社会效益。

3. 强化信息资产管理发展

结合信息资产运营、发展的实际需求，三峡日报进一步强化了对信息资产的建设发展和日常管理维护。按照多渠道内容录入、多媒体稿件编辑器、人性化个人工作空间的要求，中心除了对采编系统进行数字化标准改造，还集成了城市基础服务平台，成立宜昌智慧组工指挥调度中心、宜昌市政府网站群运维服务中心，并通过宜昌三峡日报新媒体有限责任公司来进行日常维护与管理。针对数字出版、网络出版面对的版权保护等管理难题，通过对数字作品加盖权威"时间戳"等方式有效保护数字资产版权，加强对信息资产的管理①。

二、数字化"新闻+"全链体系建设

（一）新闻+服务：建设全媒体新闻发布中心

宜昌三峡日报融媒体中心在指挥平台的统一管理下，建立"新闻+政务+服务"全链体系，对信息资源和媒体矩阵进行统筹协调、科学调度、高效指挥。

为了提高服务质量，拓展服务形式，更好地满足用户需求，宜昌三峡日报融媒体中心研发了一系列"新闻+应用"，如"媒体+问政"、农技微

---

① 罗春烺. 以数字出版推动党报转型［J］. 传媒，2013（9）：24-26.

课、便民电话、超市配送、政务频道、科普在线、全景旅游等30余项定制化功能，将为民服务做细做实。2020年，市级平台建设"宜昌市民e家生活"电商平台，在全省率先与商务部门联合开发超市预订服务便民信息平台，邀请本地350家超市、药店进驻，一键满足需求，深受群众欢迎，同时开拓了新的产业发展空间。2021年，报社各媒体在人民日报、新华社、光明日报、经济日报、中国日报等中央主流媒体和互联网平台上刊播各类新闻报道5000余篇（条），成为地方外宣报道重要供稿来源。2021年，中国地市报研究会、三峡日报社联合全国100座红色文化底蕴深厚的城市党报及其所属新媒体，同步推出"百年奋斗路·百城访初心"大型全媒体报道，先后连续刊发相关报道1万篇（条）以上。

除了日常的多功能便民服务应用，社群传播也是宜昌三峡日报融媒体中心开拓的服务形式。该中心将"媒体小脑"融入宜昌城市大脑，充分彰显媒体参与推进基层治理体系和治理能力现代化的功能。社区建设是基层治理的重要环节，宜昌市政务中心与大数据局以及腾讯公司开展合作，在宜昌各社区、小区或楼栋组建微信群网络社交平台，并集纳建成"宜格微治理"平台。平台借助微信群组推动社会治理和服务重心下沉，使网络社群成为多种便民服务有机集成和精准对接的平台。目前全市"宜格微治理"居民微信群已建群1.1万个，汇聚社区（村）干部、网格员、社区居民、农村村民及社区民警、社区医生、社区法律顾问、业委会、物业经理等100多万人，成为社区传播的重要力量。

进一步拓展社区传播的形式也是宜昌三峡日报融媒体中心数字化建设的目标。2021年，三峡日报以依托"宜格微治理"平台为基础，与市委政法委、市政务与大数据局、市综治网格中心联合打造"宜格微视"智慧社区视频平台，借助全市网格治理体系和党员"双报到双报告"工作体系，形成"短视频+居民互动+高效服务"一体的市域治理服务平台，进一步拓展了社区媒体的传播方式。"宜格微视"以适合手机端阅读观看分享的竖屏"抖音"化呈现传播，引导主流舆论、传播核心价值，推动文化惠民、化解基层矛盾，激发社区居民参与社区公共事务，助推社区形成人人有责、人人尽责、人人享有的社会治理共同体。通过"宜格微视"智慧服务，充分整合政务、服务、商务等资源，畅通从指尖到屏幕的"最后一厘米"，实现了"服务找人、信息找人"，增强了基层治理和宣传报道的预见性、精准性。宜昌三峡日报融媒体中心将1万多名网络员逐步培养成"宜格微视"视频平台的社区记者，为下一步拓展社区服务平台功能奠定坚实基础。

（二）新闻+政务：推进智慧政务新媒体建设

提高政务服务的智慧化程度也是宜昌三峡日报融媒体中心的重要建设目标。在这方面，宜昌三峡日报融媒体中心建成了全市政务新媒体集群平台、宜昌市政府信息公开系统、宜昌市12345市民服务热线三大体系。

在全市政务新媒体集群平台建设方面，2019年11月，三峡日报和各县市区联合建成"省市县一体融媒体平台"，平台集成运行市县两级融媒中心、政务网站、政务移动新媒体，建成党委政府宣传引导服务群众的重要阵地、市域社会治理现代化的工具平台，着眼于拓展用户覆盖面，为全媒体助力社会治理现代化打好群众基础，形成了三级打通融合的"宜昌模式"。平台建设四年多以来，吸引广大用户参与新闻信息生产传播，形成全市一盘棋、一体化发展的主流舆论阵地建设格局。根据中央、省市关于加强新闻发布会工作的明确要求，截至2022年，平台共承接湖北省和市委、市政府新闻发布会100多场，成为市委、市政府重要新闻发布的主阵地，主流媒体的新闻宣传引导功能进一步体现。大力深化"媒体+应用"功能，平台打通各个领域、融合各类数据，将市级平台聚合的政务及服务资源分众化地向县市区赋能，为13个县级融媒体中心开设招标采购、人事信息、办事指南等群众关注的信息服务专栏。

新上线的"白龙岗纪事"是宜昌三峡日报融媒体中心的另一个重要的政务信息集散中心，也是政府信息公开系统的重要构成。该平台除了及时发布各种政务信息，积极回复网友留言，还推出了政策解读、历史知识传授、阅读等诸多服务内容。该平台目前建有政见、解策、经观、他山、钩沉、头条汇、留声机、大家谈、正芳华、夜读10大核心栏目，已出现多件

"10万+"阅读量作品，粉丝稳定在80万+①，在促转型、深融合上积极探索出一条可学可鉴可用的新路径。

扩展民生信源，解决市民痛点，也是一种重要的政务服务内容。2020年，三峡日报与宜昌市12345市民服务热线整合群众诉求受理渠道、多方式整合热线号码，创新打造了"12345热线电话＋全媒体服务"深度融合的"12345"综合服务平台"宜昌模式"。以12345热线为桥梁，记者沉入社区、街巷，用心倾听民声，用情为民解难。每天承接处理市民来电来函1000件左右，有序分转到市直各部门、各县市区和相关单位处理，加强舆论监督和公开发布，受理群众诉求30余万件，按期办结率98.49%，工作满意率97.74%，上报市委、市政府专报160多期，群众满意率大幅提升②。在农村，报社2021年与中国移动、秭归县联合在秭归链子岩村推出"5G云广播"，建设宜昌第一个数字乡村国家试点，有效畅通了农村居民与党组织的交流通道。

（三）新闻＋党务：创新智慧党建和组工服务

宜昌三峡日报融媒体中心在创新智慧党建和组工服务方面进行了有益探索，成为一个新的党建样本。宜昌智慧组工指挥调度中心是该中心指挥党建的"大脑"，它以大数据、云存储技术为支撑，以党建工作标准化、信息化、智能化为主要手段，具备党建工作即时评估、党建责任有效监督、党建过程实时跟踪等功能。平台还以用户行为分析、大数据应用为核心，以云存储技术为支撑，为党建工作提供参考，为党委决策提供数据支撑。

在技术支撑方面，宜昌市智慧党建云平台不需要系统维护人员投入、不需要硬件投入，能提供个性化移动政务服务，同时支持APP端、微信端、微博端、手机网页端和PC端等多种形式。平台还采用安全加密传输，本地安全存储，党员身份信息绑定，即使移动设备丢失，也不会发生账号

---

① 参见2023年7月19日对访谈对象S3的访谈。
② 参见2023年7月19日对访谈对象S4的访谈。

盗用、信息泄露的情况，极大地满足了党务工作的安全需求。

在内容生产方面，宜昌智慧党建云平台采用的是 UGC 资讯发布模式，平台把 27 万党员全部变成通讯员，发动基层党员进行内容生产和活动记录。在调查中 S5 介绍道："所有的 1 万多个党组织，27 万党员全部在上面，然后交党费，所有的活动、组织关系也在上面，这也是我们媒体运营的，这是线上部分的，线下部分就是指挥调度、培训、视频会议等方面。搭建智慧党建云平台我们是湖北省第一个，全国的地市做得也不多。"[1]

在服务提供方面，宜昌市智慧党建云平台的功能十分多元，真正做到了党务和组工活动的智慧化。首先，它实现了多渠道学习交流，为党员提供了在线党务知识学习、党课培训、在线考试系统、视频教育。其次，它还提供一站式党员服务，党员可通过网银交纳党费，查看组织动态，参加形式多样的组织活动，在线申请办理组织关系转接，平台还有自动的生日和入党纪念日提醒，服务更贴近基层党员的需求。再次，平台还是一个信息集散中心，为党员提供全方位信息沟通，包括短信、邮件、通知、公告、新闻、移动终端信息推送、私信等多种信息沟通形式。另外，对于党组织而言，该平台还支持便携式党务管理，包括党组织信息和党员个人基本信息查看、维护，待办工作提醒，在线办理党员组织关系转接，流动党员管理，覆盖党员发展的全流程，包括党课培训、各种信息记录，党费财务管理等，极大地提高了党务工作的智慧程度。最后，平台还支持辅助科学化党委决策，提供数据统计功能，包括党组织信息统计和党员统计等基本信息统计、发展党员统计等工作办理情况统计、党费统计、组织活动统计以及党建工作和企业文化指标考核[2]。

三、数字化周边产品开发

（一）数字出版的探索

数字出版也是宜昌三峡日报融媒体中心打造多样化数字王国的一个板

---

[1] 参见 2023 年 7 月 19 日对访谈对象 S5 的访谈。
[2] 同[1]。

块。早在 2008 年，三峡日报集团便获得了原新闻出版总署许可的网络出版资质、手机出版资质及电子音像出版资质，争取到了中华人民共和国商务部、中华人民共和国财政部扶持的家政便民信息中心项目。目前，其业务范围已涵盖报纸、期刊、网络出版、音像出版、电子书、手机出版、网络视频、电子商务、户外广告、家庭服务等众多领域。面对汹涌的数字化浪潮和快速变革的传媒业态，三峡日报传媒集团把争取数字出版各种新资质资源作为重要的战略手段优先实施①。在完成全媒体结构布局的同时，三峡日报集团以数字出版为主线，通过集团所属三峡书局推出了《三游洞史话》《好一堂课》等纸质及数字书籍。

（二）文化银行的创新

与金融机构合作推出文化银行也是宜昌三峡日报融媒体中心的一大创新。2021 年 4 月 13 日，三峡日报与三峡农商银行合作共创"文化+金融"产业发展新模式，联手打造宜昌首家"文化银行"，共同开启文化金融业深度合作②。"文化银行"落户报社办公园区，一方面，针对文化产业发展快、投入大、轻资产的特点推出系列金融产品，研究探索版权、著作权、知识产权、软件登记证书质押担保，创新文化企业融资模式，为宜昌文化产业发展提供金融服务，将宜昌"文化银行"建设成为社会效益、经济效益双丰收的改革项目。另一方面，又在银行内开设文化活动专区、阅读专区和参观浏览专区，市民不仅可以免费阅读纸质书籍、收听电子书籍、使用朗读亭，观看专业视频，还可以在文化银行参观古钱币展区、珠江钢琴等现代文化展区，文化银行实现了文化的创新发展，也为广大市民提供了一个休闲阅读的新场所。

（三）与移动运营商开展合作

宜昌三峡日报融媒体中心还与移动运营商中国联通宜昌市分公司签订

---

① 罗春烺．以数字出版推动党报转型［J］．传媒，2013（9）：24-26．
② 时刚，付蓓蓓，张若韵．三峡农商银行与三峡日报社开展战略合作 文化金融深度融合 打造宜昌"文化银行"［EB/OL］．三峡宜昌网，［2021-04-15］．https：//www.cn3x.com.cn/content/show？newsid=667993．

了战略合作框架协议，共同推进"5G+融媒体"深度融合，联合打造5G新媒体平台。双方在5G、物联网、大数据、人工智能等新兴技术与媒体传播领域的创新融合方面展开合作，合力打造5G大数据时代移动互联融合发展新生态。一方面，通过建立互联网治理服务平台，推进数据资源向社会开放，大力推动传媒信息系统和公共数据互联开放共享。另一方面，畅通群众诉求通道，提升区域智慧治理成效。此外，双方还打造了"5G联合创新实验室"，谋划建设5G信息通信产业基地，共同构建可持续发展的联合运营体系，创新互联网数据产品与服务模式。共同争取国家和省市对5G发展扶持政策，聚集5G产业发展主体，孵化新项目新业态，打造5G信息通信和数字产业集群[①]。

四、形成外宣内宣联动的融媒体宣传格局

（一）对内宣传联动

1. 坚持正确的政治方向宣传新闻

在对内宣传方面，坚持守正创新做好全媒体重大主题宣传。近年来，中心组织实施了"深入学习贯彻党的二十大精神""干好每一天 喜迎二十大""奋进新征程 建功新时代""喜迎二十大 基层看变化""科学精准有效做好疫情防控""打造一流营商环境助力高质量发展""下基层 察民情 解民忧 暖民心""齐心筑堡宜昌 共同缔造幸福"等多个重大主题宣传。高质量完成全国"两会"、省第十二次党代会、党员干部下基层察民情解民忧暖民心实践活动、筑堡工程、重大项目现场探访、城市建设攻坚行动、优化营商环境等重大主题报道。

以党的二十大系列报道为例，宜昌三峡日报融媒体中心聚焦主题主线，精心组织策划党的二十大全媒体宣传报道方案，组建全媒体报道专班，做好会前、会中、会后不同阶段宣传报道，全媒体共发布相关主题报道

---

① 金睿. 三峡日报社与宜昌联通签订战略合作协议 联合打造5G新媒体平台[EB/OL]. 三峡宜昌网，[2020-12-11]. http://www.cn3x.com.cn/content/show?newsid=627522&ivk_sa=1024320u.

2300 余条，其中报纸 550 余条，新媒体 1800 余条，总阅读量 1170 万 +。在会议的程序性报道方面，中心对标人民日报、湖北日报开设"党的二十大特别报道"专栏、专题、专版、专页，聚焦报道大会进程，全面、及时、准确、生动地反映党的二十大盛况、宣传党的二十大精神，及时转发中央媒体关于党的二十大报道的重要文章。在专栏、专版方面，一方面，开设"二十大时光·荆楚回响"专栏，报道全市各界收听收看党的二十大开幕会直播、各部门认真学习和干部群众热烈关切和热议党的二十大报告的反响等盛况。另一方面，策划"北京连线"专栏、专版，报道宜昌市党代表参加代表团讨论、接受专访、走上代表通道等内容。重点策划推出"奋进新征程建功新时代·非凡十年宜昌答卷"系列深度报道，从党的领导、生态环保、经济发展、城市发展、社会治理、文明典范 6 个主题，全面展现宜昌经济社会发展取得的成就。此外，三峡日报还推出"赏峡江秋韵 学二十大精神"新媒体 H5 交互产品，陈昶、王轲等几位"90 后"记者绘制长篇手绘卷轴，呈现宜昌建设长江大保护典范城市、喜迎省十六运会、推进筑堡工程、共同缔造幸福生活等特色亮点工作，开展党的二十大报告学习答题，创新形式让党的创新理论飞入"寻常百姓家"。作品阅读总量达到 28 万，参与学习答题的市民群众达到 14 万。

2. 凝聚社会共识加强舆论引导

在重要活动方面，宜昌三峡日报融媒体中心创新传播方式和内容表达方式，持续加强舆论引导，凝聚社会共识。近年来，聚焦筑堡工程建设、全国文明典范城市创建、宜昌"两会"、"330 三峡国际人才日"、省十六运会、端午文化节、疫情防控、清违行动、项目攻坚、招商引资等中心工作和重大活动，创新推出短视频产品 800 余条。

其中，在元宵灯会和焰火晚会期间推出的《2022，宜昌会更好》等原创短视频产品，全网阅读量突破 51 万。聚焦全市"清违行动"，创新开设"清违小课堂"外采短视频专题，发布相关视频 32 条，总阅读量达 141 万，为全市"清违行动"营造良好的舆论氛围。围绕"330 三峡国际人才日"生产发布视频 45 条，总阅读量超过 170 万，《天生我才"宜"有用》

等原创产品成为网络爆款,形成尊重人才、礼遇人才的良好舆论氛围。围绕宜昌开展全民核酸筛查,派出多路记者全方位蹲点采访,推出《今夜,见证宜昌速度》《32℃的户外温度,大白却不能脱下防护服!》等原创短视频,被广泛转发分享,全网阅读量达 270 万。主导策划并自主摄制的原创微电影《一封家书》,被国资委官方微博"国资小新"推荐。参与"宜昌品牌周"系列活动,组织实施"冲 ya!宜昌品牌"抖音争霸赛活动,相关话题全网阅读量达 1.5 亿,三峡日报新媒体工作室被授予宜昌十大品牌工作室称号。屈原端午文化节期间,三峡日报提前策划,组织专班多次赴秭归采访,节日期间推出短视频《我和我们的端午》全网阅读量达 520 余万,短视频《屈原国风变装》阅读量突破 700 万,《冲 ya 宜昌品牌,这里是宜昌》阅读量达 807 万。除了短视频,中心还积极探索全息表达形式,推出了多个精品爆款,如《H5:一只鸟的人类观察日记》《微电影:书写信仰》《慢直播:此刻宜昌》等。

(二) 对外宣传联动

1. 衔接上级媒体实现数据共享

宜昌三峡日报融媒体中心衔接上级媒体的数据共享主要体现在新闻宣传、省台策划相关选题和内容等方面,市级融媒体中心结合自身情况积极参与和配合。例如,2023 年省台策划了"荆楚过大年"短视频报道活动,市级融媒体积极报送相关稿件和内容,获短视频内容优秀奖。

与此同时,省级平台在活动策划与实施方面会给予指导,并在专业技术和资源上提供支持。宜昌三峡日报融媒体中心打通了与省级云平台之间相关政务服务、数据等方面的壁垒,让基层的好声音能够传递得更广。宜昌三峡日报融媒体中心对外共享数据及信息频率较高,承接全市政务服务平台以及 12345 市民服务热线,相关数据及信息都会向市级媒体共享,同时开设有"宜接就办"栏目,形成了"城市大脑+融媒体中心+媒体记者+社区"的模式,及时有效地解决了群众急难愁盼的问题。相关信息经脱敏、分类后,向省长江云平台、省政府网、宜昌各县市区融媒体中心客户端实时共享数据。系统信息实时共享,人工联动持续开展,市级媒体与省市县媒体的联动宣传每月至少1次①。

2. 与基层融媒体中心形成联动

宜昌三峡日报融媒体中心还与13个县级融媒体中心进行联动。为保障基层联动的顺利进行，制定了《三峡日报社关于百名记者蹲点联系基层行动实施方案》，启动百名记者蹲点联系基层行动。融媒体中心组织三峡日报各媒体113名采编人员联系乡镇（街道），深入基层精心采写带露珠、沾泥土、冒热气的全媒体新闻作品，聚焦各地高质量发展最新成效，营造稳预期、强信心的良好氛围，汇聚湖北宜昌重回发展主赛道的磅礴之力。

3. 对外传播三峡声音

为适应国际传播的形式，做好三峡声音的对外传播，宜昌三峡日报融媒体中心重点打造国际传播工作室，全面提升国际传播能力。宜昌三峡日报融媒体中心设置了7个栏目，涉及文化旅游类、经济类、科技类、生态环保类等，成立国际传播工作室，在Facebook、Twitter、Instagram、YouTube 4个海外平台开通运营"Gorgeous Yichang（绚丽宜昌）"账号和官方英文网站"Gorgeous Yichang"。融媒体中心还专门打造了一档《外国人在宜昌》栏目，面向外国人介绍宜昌这座城市。

2022年11月，结合《湿地公约》第十四届缔约方大会（"COP14"大会），国际传播工作室策划推出了"走进宜昌湿地"的系列报道，系列视频在Gorgeous Yichang英文网站和海媒平台上刊发，获得良好的传播效果，总浏览量达到10万人次。2023年端午节，中心联合中央电视台制作了一档以外国留学生视角观看屈子祭的纪录片，海外反响热烈。

第二节　恩施市融媒体中心："新闻+地域文化宣传"推进融媒建设

恩施市融媒体中心的前身为恩施市新闻中心，创办于2019年。作为一

---

① 参见2023年7月19日对访谈对象S2的访谈。

个后起型地市级融媒体中心，恩施市融媒体中心在建设融媒体的过程中，突出硒都特色，健全媒体矩阵，加快融合发展，形成"采编融合、内容汇聚、多渠道传送、多终端一体化"的媒体融合发展格局。

恩施市融媒体中心内设部室7个，媒体矩阵包括"一微（'硒都发布'微信公众号）、一室（视频访谈室）、三端（湖北日报客户端、云上硒都客户端、今日头条中国硒都网订阅号）、两网（恩施市政府公众信息网、中国硒都网）、两专版（恩施日报和恩施晚报上的硒都观察专版）"和抖音、视频号等11个媒体平台。中心内设记者10人（跑外勤且参与编辑）、特约记者40人（不直属该单位，属于外派到市、乡镇等）、编辑10人（硒都发布、视频号、网站、硒都网），与湖北日报客户端合作，各自负责各自的版块①。截至2023年6月，由荆楚网（湖北日报网）、楚天舆情数据研究院制作的湖北区县传播指数排行榜3月、4月榜单显示，恩施市连续两个月位列湖北区县传播指数榜单第一。

一、聚焦硒都本土优势，传播地方文化

县级融媒体中心处于县域地理空间，承担着传播地方文化、讲好地方故事的职责，将地方性表征空间与区域社会文化勾连在一起，才能得到人民群众的认同②。恩施州是少数民族聚居地，拥有丰富的少数民族文化，特别是土家族文化，如：在民俗活动中表现出来的摆手舞、哭嫁歌；通过宗教祭祀表现出来的唱傩歌、孝歌等；在与汉族及其他少数民族的不断交往与接触中，土家文化形成了自己较明显的特征。恩施市融媒体中心基于当地特色民族文化，创新本土文化的报道方式，利用本土文化优势，讲好本土特色故事。通过报道恩施少数民族的部落、饮食、音乐、舞蹈等文化活动，参与到恩施地方文化建设中，为民族地区文化建设开辟了新的空间和路径。

---

① 参见2023年6月13日对访谈对象E1的访谈。
② 郭旭魁. 重建地方感：作为传播物质性的县级融媒体与地方性空间生产［J］. 编辑之友，2023（6）：47－52.

在文化节日的推送上，恩施市融媒体中心在节日时会为当地民众提供本地特色的文化产品，增强本地用户的黏性，提高文化服务的精准性，进而提高本地民众对文化需求的依赖性。比如恩施市融媒体中心官方微信公众号"硒都发布"曾发布《侗乡芭蕉祝您 Dah Nyinc Lail（侗语：过年好）》，不仅宣传了侗族文化，在过年期间向侗乡人民送上新春祝福，还在推文中介绍了侗乡近些年来打造美丽乡村的成果。

在创新文化传播形式上，恩施市融媒体中心通过在线有奖答题以及网络游戏等创新形式发布推文传播民族文化。如"硒都发布"策划的"拜年啦！有奖知识竞答，万元贺礼轻松拿"活动，通过公众号发布知识竞赛活动，网友通过留言的方式参与，最后由"硒都发布"为答对的用户发奖品。人们通过此类游戏活动不仅能获得娱乐感和满足感，而且还能在游戏过程中学习民族文化的相关内容。恩施市融媒体中心通过娱乐的形式为用户普及了知识，也为本地居民提供了公共娱乐文化体验。

在音乐舞蹈的报道上，恩施市融媒体中心聚焦重大节庆日的民族文化活动，相关报道主要聚焦于土家族摆手舞、农事舞、生活舞等民族舞蹈，如《舞狮、苗鼓、采莲船……好戏连连，精彩不断，州城年味儿浓》《玉兔闹新春，民族文艺送祝福啦》等作品，主要报道了少数民族活动以及以摆手舞为代表的土家族舞蹈，展现了少数民族服饰与歌舞的特点[①]。

除了民族文化，恩施市融媒体中心还报道了地方特色美食，以传播饮食文化。如《土家社节：祭祀文化与美食文化的碰撞》对"社饭"的报道，关注了少数民族祭祀期间使用的特殊饭食，有预示五谷丰登的含义，但经过数百年的发展，"社饭"已经成为土家族、苗族等少数民族农历春节期间必不可少的美食。而《新春美食——土家年肉滋味长》则介绍了恩施的饮食口味兼具鄂、湘、渝三地特色，偏辣、咸，并着重介绍了当地的香肠、腊肉等特色美食。此类报道生动地展现了民族地区特色的文化活动

---

① 闫琳. 县级融媒体中心参与民族文化建设的路径探究：以恩施市"文化过年"相关报道为例［J］. 新闻研究导刊，2023，14（10）132－134.

和生活习俗，使文化内容深入人心，丰富了人们的精神世界，也拓展了民族文化的传承方式。

二、打破媒介壁垒，搭建立体化传播矩阵

自2016年挂牌运行以来，恩施市融媒体中心组建了立体化传播矩阵，打破了单一的传播路径，充分发挥全媒体平台的宣传优势，打造了多元媒体传播形式。访谈对象E1说道："我们通常在规模较大的活动类采访中启动融媒体生产流程，在相关精神的传达和活动信息的介绍方面采用简单的图文形式来报道，而在场景多、会场多、内容丰富的活动报道方面启用融媒体生产，通过文字、音视频、航拍等多种形式来展现，多名记者、编辑、技术人员、后台工作人员参与其中①。"

在内容生产方面，恩施市融媒体中心打通全媒体平台，丰富了生产形式，促成了平台内部各媒体之间的融通发展。为了提升稿件质量，提高编审效率，恩施市融媒体中心在"短、平、快""精、要、全"上下功夫，确保相关数据应上尽上。对于文字性报道，采用灵活的叙事语言，内容接地气，具有口语化特征，如《恩施打年货的人都往哪里跑？是么子哈数？这里有视频有照片》中"么子哈数"的表述，使报道具有亲切感、家乡味。"到站啦，马上就可以回屋咯"则直接引用被采访者的话，使报道内容更容易被受众接受和传播。图片报道一般分为普通图片、动态图片、长图等，此类符号使报道形式多样、内容丰富，更加突出主题。如《"要素"聚集，年味儿浓～新年的快乐，你值得拥有》以图片为主，将恩施过年期间的特色饮食展现在大众面前，再配上部分文字，使报道内容一目了然。

当然，视频传播仍是媒介资源中传播效果最佳的方式，通过发布独创性的短视频能够拓宽传播渠道。如"硒都发布"视频号的《灯火暖人心·星光映征程》、"我在恩施过大年"系列视频等，展现了恩施过年期间举办猜灯谜、舞狮表演、赶场相亲、土家火塘歌会等各种民俗活动。相关短视

---

① 参见2023年6月13日对访谈对象E1的访谈。

频内容具有时效性强、内容短小、重点突出、通俗易懂等特点，更容易被受众接受。总之，恩施市融媒体中心积极创新传播形式，利用全媒体平台提升了民族地区特色民俗活动和民族文化的呈现效果。

三、抢抓共享联动新机遇，扩大传播声量

由于地市级媒体融合发展水平不一，要形成有效的融媒体生产链条，就要从省、州（市）的层面进行统筹考虑，实现各级媒体的互联互通[①]。恩施市地处湖北省西南腹地，位于长江之南清江中游，作为恩施土家族苗族自治州州府所在地，恩施市需要借力更多的权威平台对外发声，传递来自武陵山区的"好声音"。近年来，湖北恩施州在全省率先探索省、州、县（市）三级联动，建成纵向融合、抱团发展的"1+1+8"（1个省级平台"长江云"+1个州级平台"云上恩施"+8个县级平台）恩施模式，成功实现州县平台互联互通、稿件一键管控、指令一键发送，探索出州县集约化建设新路径，巩固壮大了主流舆论阵地。恩施市融媒体中心不仅建设了"云上恩施"客户端，还以"整体入驻、单点对接"方式接入了长江云平台。

与长江云平台、湖北日报客户端等省级平台的共享，与各县市区融媒体中心的融通，给恩施市融媒体中心的发展带来了新契机。其中，县级融媒体平台负责内容生产、编辑审核、投放分发等，"云上恩施"平台负责提供数据分析、技术支撑、运行维护等。访谈对象 E1 说道："恩施市融媒体中心与州级媒体恩施电视台、恩施日报、湖北日报每天都会进行投稿、每月同州、市级均有开展选题策划会，先汇报上一个月的内宣、外宣新闻宣传情况，再集中研判重点、亮点、热点，列出选题清单，跟踪深度报道，确保重点不缺、热点不漏，增加影响力。"[②] 州级平台和八县市平台共用一个后台，共享一个云端生产平台，直接链接到"云上恩施"云稿库，

---

① 李兰，丁宇，丁雪伟. 经济表征与内容生产：民族地区县级融媒体建设策略研究[J]. 中国出版，2023（2）：8–12.

② 参见 2023 年 6 月 13 日对访谈对象 E1 的访谈。

云稿库又与长江云系统后台无缝对接，既能满足省级平台对州、县（市）资源的调用，又能满足州、县新闻在省级平台发布的目的。例如，由湖北广电的《旗帜》栏目以"各地高质量党建引领高质量发展"为题，聚焦武汉、襄阳、荆州、恩施、孝昌等地，其中恩施市融媒体中心与湖北电视台合作，播出了恩施市的典型党员干部解决群众困难的经验做法，实现了省内各县市的联动。类似的资源共享与合作还有很多。

恩施市融媒体寻求省州联动的意愿强烈，省级平台湖北日报客户端恩施市频道建设期间，市融媒体中心常态化向市委常委、宣传部部长报告工作开展情况，积极争取支持，强化统筹调度；与湖北日报驻恩施记者站"双向奔赴"，座谈交流，积极争取技术和内容支持，共谋频道建设路径；强化通讯员培训，开通900余个投稿账号，鼓励通讯员多写稿、写好稿，让恩施"好声音"频频传出。

恩施市融媒体中心能够通过州级的"云上恩施"融媒体平台与省级平台对接，并获得基础性技术平台支撑。这切实解决了该媒体原来存在的本地数据库缺失、运行速度缓慢等问题，极大地提高了融媒体中心的建设标准和安全等级。此外，恩施市融媒体中心的重要新闻信息通过平台自动抓取、自动推送至"云上恩施"客户端首页和长江云，提高了县市新闻点击率和宣传覆盖面。此外，通过医院挂号、电子餐票、新时代文明实践志愿服务平台等"媒体＋政务＋服务"的个性化产品开发与应用，州县云上客户端用户黏性得到大幅提升。目前，恩施州内八县市云上客户端总用户达235.84万户，占全州总人口的58.66%。

在管理方面，恩施融媒经过多轮集体研究最终决定，实行双向选择，确定"一人一月"工作制度（一位编辑负责一个月湖北日报客户端编辑工作，不管每天其他方面工作量是多是少，都必须保质保量完成编辑工作），用好共建平台，对外传播"恩施好声音"。目前从后台数据可以看出，湖北日报客户端恩施市频道很多稿件都是早上或者晚上编发的，每天发稿50篇左右，最高达到85篇。2023年2月以来，恩施市频道稿件更新量连续保持全省县市区第一，稿件10万＋、5000＋阅读量保持领先。

第四章 县级融媒积极创新，多样化推进融媒体中心建设

县级融媒体中心是省市县三级融媒体共享联动生态的基石，既能采集到鲜活、灵动、贴近基层的内容，也能发挥引导群众、服务群众的功能，是媒体深度融合发展的重要抓手。2018年8月，习近平总书记在全国宣传思想工作会议上强调："要扎实抓好县级融媒体中心建设，更好引导群众、服务群众。"同年9月，中宣部对在全国范围推进县级融媒体中心建设做出部署安排，要求"2020年底基本实现在全国的全覆盖"。当前湖北省各县区的融媒体中心建设已经实现了全覆盖，各县级融媒体中心也结合自身资源和本地特色，进行多样化尝试和创新性探索，逐渐找到了适合自身的发展模式。其中，赤壁、夷陵、秭归、利川等县级融媒体中心的发展模式具有一定的代表性。

第一节 赤壁市融媒体中心："轻资产、重功能"模式推进建设

2018年7月23日，基于赤壁广播电视台组建的赤壁市融媒体中心正式挂牌成立。作为全国首批59家试点之一和中宣部重点联系示范点之一（全国只有10家）的赤壁市融媒体中心，经过几年的摸索逐渐形成了自己独特的"轻资产、重功能"模式，即用低成本打造出适合自己需求的运营模式。2019年，赤壁市融媒体中心被国家广播电视总局评为首届全国广播电视媒体融合典型案例。2021年，赤壁市融媒体中心荣获第三届湖北改革奖（单位奖），被省委表彰为全省先进基层党组织，改革建设经验先后被《求是》杂志、央视《焦点访谈》等主流媒体宣传报道；荣获湖北省媒体融合创新案例评选——服务群众类优秀案例；荣获全省广播电视系统先进集体称号。赤壁市是湖北省咸宁市下辖的一个县级市，总人口53万，其中城区常住人口26万，属于典型的中西部县城形态的城市，其探索和建设的

发展路径和模式对同类县级融媒体有着十分重要的借鉴作用①。

一、"轻资产、重功能"构建"一中心+八平台"传播矩阵

（一）"轻资产、重功能"模式助推县融建设

赤壁市融媒体中心立足于赤壁实际，整合媒体资源，打造了属于自己独特的轻资产、重功能模式。由于县级融媒体中心资源有限，赤壁市便在原有广播电视台设备的基础上，依托省级平台——长江云的技术支撑，建成了"1+8"的媒体矩阵。其中的"1"指一个融媒体中心，即赤壁市融媒体中心，"8"指八个媒体平台，主要包括赤壁电视台、赤壁人民广播电台、今日赤壁报、"云上赤壁"客户端、赤壁网、赤壁政府网、赤壁手机报、双微矩阵。在信息采集与分发方面，"1+8"的模式让赤壁市融媒体中心实现了"一次采集多元加工、多类型制作、多渠道传播"。目前，传播矩阵运行良好，日平均编发原创新闻稿件近30条，播发各类新闻产品180条（次），新闻信息生产能力较2017年以前增长近3倍。云上赤壁年均开展直播活动38场，场均点击量突破20万+②。

（二）"新闻+政务+服务"的功能细化

在矩阵内部功能细化方面，赤壁市融媒体中心将"新闻+政务+服务"等功能整合至"云上赤壁"客户端，不断整合区域媒体资源，形成了"移动+采编"的便捷模式③。2019年6月18日上线的"双微矩阵"平台，容纳了全市31个账号，重构了赤壁传播格局，实现了地方舆论宣传从"独唱"到"合唱"的转变。同年7月1日，"赤壁融媒体"抖音号、今日头条号开通，进一步丰富了媒体形态。此外，赤壁市融媒体中心还通过资源重组和优化整合，将业务领域延伸至公共服务领域和公益产业，丰富了媒体业态。

---

① 张雪霖．"轻资产、重功能"：中西部县级融媒体中心建设模式探索：以湖北省赤壁市融媒体中心建设为例［R］．中国媒体发展研究报告，2020：44-56．

② 参见2023年10月对访谈对象C1的访谈．

③ 姜晓晓，王金晶．赤壁：县级融媒体建设的鲜活样本［J］．政策，2019（5）：36-39．

（三）"纵横打通"构建内外联通型县融

赤壁市融媒体中心按照"纵横打通"的思路构建内外联通型县级融媒传播体系。其中，纵向联动涵盖中央、省市县四级媒体。在中央级媒体方面，通过入驻央视移动智慧平台，开设央视频账号、学习强国融媒体号、新华社客户端订阅号，连线新华社现场云，实现了与中央级媒体的顺利对接。在省级媒体方面，赤壁市融媒体中心与湖北广电长江云、湖北日报全媒体等省级平台展开密切合作，还成功连接到长江云直播平台，增加了传播的样态。在市级媒体方面，赤壁市融媒体中心与咸宁广电的合作宣传十分密切，联动丰富。而在横向联动方面，主要通过在主流媒体和商业平台开设平台账号的方式进行，包括开通微信公众号、视频号、人民号、抖音号、头条号等，拓展对外宣传的深度和广度。仅2023年1月至7月，就实现央视上稿突破10条，湖北台78条，咸宁台212条；学习强国平台上稿344条，央视频77条，人民号454条，新华号181条，今日头条523条，长江云860条，云上咸宁600条的良好"战绩"[①]。

（四）增加财政预算保障县融良性运作

为保障县级融媒体中心的良性运作，赤壁市还逐年增加财政预算。2017年以来，赤壁市政府采取财政拨款、项目补助、购买服务等多种形式，对融媒体中心建设给予经费保障。2017年投入资金720万元，2018年、2019年均达到1000万元，2020年达到1350万元，2021年约1500万元。其中，在基础建设方面，投入876万元建设全景式播音大厅，投入97万元建设"云服务"多功能厅，投入78万元建设双微矩阵，连续三年每年投入100万元进行设备提档升级[②]。

由于各地区人文及其自然条件具有差异性，县级媒体在不断推进融合发展的过程中，并不是简单复制，而是根据自身的条件和特征打造出属于自己的传播模式。"轻""快"型融媒体中心为资源短缺、经费不足的县级

---

① 参见2023年10月对访谈对象C1的访谈。
② 同①.

融媒体中心提供了一种灵活的思路,可以根据自身条件和实际情况来制定发展策略。

二、深耕本地政务,建成综合服务平台

县级融媒体中心的优势除了积聚媒体资源,还在于根植基层、深耕本土。深化"政务+服务"能进一步发挥县级融媒体中心的传播优势,将报道重心对准基层百姓的火热生活,为百姓提供多样化的便捷服务,更能贴近群众。

(一)打造便捷的"网上办事"服务平台

"网上办事"服务平台能缩短群众办事的时间、路程、精力和费用,"让数据多跑路,让群众少跑腿"成为赤壁市融媒体中心做好政务服务的初衷。在"云上赤壁"客户端,群众不仅可以接收新闻和其他资讯,还可以通过多个便民子频道获取便捷的户政、出入境、纳税缴费、福利救助、证件办理、工商、税务、环保等政务大厅的业务服务,努力实现"一应俱全、一次办好"的目标,让群众"最多跑一次"甚至"零跑腿"。目前,27个政府部门和19个乡镇(街道、场、区)已经入驻"云上赤壁"客户端,网上办事服务平台构建基本形成,县融对各组织系统的对接也不断加强。此外,赤壁市政府还将市民投诉的问题,派单到相关部门,要求相关部门24小时回复,并严格督办相关部门调查处理,让"不作为、慢作为、乱作为"无所遁形,这也进一步提高了政务便民的效率。

(二)"四单"问政模式满足群众需求

为发挥新媒体的监督作用,一方面,赤壁市融媒体中心通过"云上赤壁"问政平台,积极受理群众表达的诉求,并报送相关负责部门。同时,赤壁市融媒体中心还利用自身大数据抓取的优势,将相关舆情信息反馈至市委网信办,并由该部门负责编写舆情专报,而市委、市政府的分管领导将对所呈问题进行认领和督办,责任单位对交办事项,要求在1个工作日内回复,3个工作日内办结。这种一体化的监督模式,极大地提高了监督

的效率，有效减少了社会矛盾的发生。

另一方面，赤壁市融媒体中心通过提供"订单式"问政服务，形成了常态化、制度化、高效化"四单"模式，这也是赤壁市融媒体中心的另一大创举。该平台支持市民群众"下单"发布诉求，平台第一时间将相关诉求定向"派单"给相关部门，而相关部门则及时"接单"解决问题，市纪委监委在其中起到跟踪"督单"的效果。高效运作的"四单"模式，极大地满足了群众的合理诉求，也提高了群众对地方政府的满意度。例如，2019年"云上赤壁"问政平台接到群众"下单"投诉宝塔山下有污水直排到陆水河，平台及时向环保等相关部门"派单"，并及时向广大网友回复处置情况，积极进行舆论引导，谴责污染行为，呼吁全市人民共同保护陆水河，让一河清水惠泽赤壁人民。自2018年"云上赤壁"问政栏目上线以来，全市已有96家部门单位入驻，月均处理留言90余条，回复率100%，处理办结率达到98%[①]。"云上赤壁"问政办事的效率较高，群众使用率较高，平台活跃度也较高，显著增强了地方政府与民众的双向沟通与互动。

此外，赤壁融媒体中心还积极探索创新传播产品。例如，与市交管局合作进行查酒驾直播活动，该直播一经推出，"云上赤壁"3小时的点击量达到了20万次，形成了一次传播小高峰。

三、聚焦日常生活服务，打造社区信息枢纽

县级融媒体中心作为离百姓最近的一个专业性媒体机构，需要把触角探进百姓生活生产一线，生产出接地气的新闻信息产品，推出贴近民生的服务，承担起基层宣传与治理的责任。赤壁市融媒体中心聚焦日常生活服务、立足地域文化，不断推出符合本地化特征的新闻和产品，为群众提供"指尖上的便民服务"，用群众关心的信息来粘住群众，成为基层群众的社区信息枢纽。除了为群众提供方便快捷的新闻信息，中心还将市政服务、

---

① 参见2023年10月对访谈对象C1的访谈。

交通出行、医疗教育、便民缴费、文化旅游、健康养生等服务内容都纳入"指尖"客户端,用户只需轻轻一点便能通过"云上赤壁"APP完成网上办事、民声收集、公积金查询、话费缴纳等便民业务。目前,社区信息服务的平台构架基本建成,在长江云的支持下正在完成与省政务平台——"鄂汇办"的对接,努力达到全省服务"一网覆盖、一次办好"的目标,真正实现省市县三级融媒体中心的互联互通。

四、提供特色志愿服务,构筑精神文化家园

志愿服务也是近年来县级融媒体中心积极拓展的一项新业务。通过志愿服务,县级融媒体中心能充分发挥自身作为沟通、联系"党和政府——群众"的桥梁与纽带作用,开展社会文明实践活动,为群众构筑精神文化家园。赤壁市融媒体中心开设文明实践频道等接入口,通过"互联网+"对接市文明办和志愿者协会,链接文明实践网,向当地群众提供志愿服务性信息。同时还积极组织开展各类群众性文化、公益、科普活动,开展各类产业、节庆、会展等活动,在丰富群众文化生活、强化为民服务功能的同时,增强融媒体中心自我造血能力。例如,2018年11月,中心发起"爱心清园"暨产业扶贫活动,平台组织志愿者协会、民营企业到赤壁市陆水湖花果山采摘蜜橘,活动通过"云上赤壁"进行网络直播,在社会上引起了强烈反响,大量群众通过网络参与活动,解决了蜜橘基地30多户橘农的销售难题。直播活动开始的一天之内,患重病的大学生邓小星家近3万斤橘子被采摘销售一空①。

五、"创意直播+活动营销"提升县融造血能力

在媒体生态发生巨大变化的当下,县级融媒体中心的经济状况日益严峻。面对这种情况,赤壁市融媒体中心一方面调整机构设置和人员管理,打破原有以媒体属性设定部门的建制,整合全媒体资源,重构和优化机

---

① 参见2023年10月对访谈对象C2的访谈。

构;精减机关人员,成立行政综合服务保障中心,做好后勤保障。调整后的县级融媒体中心设立了调度指挥中心、大采访中心、大编辑中心、技术保障中心,着力做强媒体主业。另一方面,又对媒体经营模式和盈利模式做出相应调整,以"直播+活动"的模式激发经营发展新活力。

(一)创新直播方式,提升平台影响力

赤壁市融媒体中心按照"统一领导、业务独立、市场运作"的运行模式,采用"以活动策划为带动、以融媒体直播为手段、以产业合作为突破口"的经营策略,打造"广告栏目+线下活动+营销活动+政务服务"的多元化产业链。

"主题策划+直播"是赤壁市融媒体中心最常使用的一种方式。赤壁市融媒体中心全年的手机直播活动达到了37场,月均3场,最大点击量超过50万[①]。例如,2017年赤壁市猕猴桃一度滞销,赤壁市融媒体中心通过直播采摘猕猴桃的形式引人关注,并产生抢购热潮。赤壁市融媒体中心采用"主题策划+直播"的形式,提升平台的用户流量和关注度;以融媒体直播为手段,促进赤壁市猕猴桃等农产品销售;以举办活动为创收主力,通过与广电艺术培训学校、赤壁广电国风学堂、家具城联办活动,实现经营创收、提升融媒体的影响力;以政府购买服务为新的增长极,托管赤壁发布公众号、政府网和政府部门的微博、微信账号等,一年通过政府购买服务创收约150万元。

(二)开展丰富的活动,拓展市场

开展丰富的活动也是赤壁市融媒体中心拓展市场的重要途径。该中心以"云上赤壁"手机直播为平台,承接各类大小型活动,如龙虾美食节、秀兰开工庆典、演讲比赛、农民丰收节、猕猴桃峰会晚会、技能演练等。2019年以来,开展"学习强国"知识竞赛、赤壁市中小学生社会实践基地开营仪式、茶业大会新闻发布会、廉洁诵读会、《条例》和

---

① 参见2023年10月对访谈对象C2的访谈。

《监察法》知识竞赛等各类活动十多场。此外，赤壁市融媒体中心还与教育培训机构合作成立了赤壁广电国风学堂，与家具城合作成立了广电粤港家具城；同时，在暑假期间精心打造"放飞梦想、快乐成长"心智教育夏令营；与农庄签订合作协议，通过农旅结合帮助企业做好宣传。每年融媒体中心通过"基本冠名费+经营分成"的形式，实现与企业之间的合作共赢。

总之，不同于经济发达地区的建设模式，赤壁市融媒体中心立足当地有限的人力、物力、财力条件，通过"轻资产、重功能"的模式逐渐找到了适合自身的发展道路。

第二节 夷陵区融媒体中心："媒体融合+文化传承"助推县融发展

2019年3月挂牌成立的夷陵区融媒体中心，紧扣"主流舆论阵地、综合服务平台、社区信息枢纽、精神文化家园"的建设目标，以媒体融合为统领，以文化传承为突破口，坚持探索实践、守正创新，构建起网上网下一体、内宣外宣联动的主流舆论格局。2021年荣获年度优秀城市融媒（区域融媒）综合影响力 TOP 10，2021—2022 连续两年荣获长江云平台最佳运营单位[①]。

一、"1+5+3+X"的多元传播矩阵打造舆论阵地

夷陵区融媒体中心在"新闻+政务+服务"的总体规划下，与党委、政府保持同频共振，积极打造舆论阵地。

（一）构建"1+5+3+X"的多元传播矩阵

夷陵区融媒体中心按照"455"建设思路和目标打造了"1+5+3+X"的多元传播矩阵，推动融媒体中心与新时代文明实践中心的"两心"

---

① 参见2023年7月18日对访谈对象Y1的访谈。

相融。在融媒体矩阵传播布局中，实现了感知偏向、关系偏向和舆论偏向的全新转向。

1. 提出"455"建设方案

在媒体深度融合改革方面，夷陵区融媒体中心结合实际制定了"455"建设思路和目标，即加快4个体系建设（一体化生产体系、多元化传播体系、扁平化组织体系、专业化人才体系），推进5个融合（机构、内容、渠道、人员、管理），实现5个目标（努力把融媒体中心建成智慧城市大脑、主流舆论阵地、综合服务平台、社区信息枢纽、精神文明家园），全面加快区级融媒体中心建设步伐。

2. 构建融媒体协同指挥平台

在长江云技术支撑和管理经验指导下，夷陵区融媒体中心坚持移动优先，打造了"1+5+3+X"的多元化传播矩阵。其中"1"指1个客户端——云上夷陵APP；"5"指中国夷陵网、夷陵广播电台、夷陵电视台、"夷陵发布""我的夷陵"微信公众号5个媒体平台；"3"指新华社现场云、人民日报党媒信息平台和长江云合作体3个全国全省新媒体平台；"X"指在各个商业媒体平台上建立头条号、抖音号、企鹅号等新媒体账号。即以云上夷陵APP为龙头，通过"媒体+政务""媒体+服务"，建成服务群众超级客户端；以中国夷陵网、广播电台、电视台、"夷陵发布"和"我的夷陵"微信公众号和官方微博等自主渠道和成熟平台，保证媒体基本覆盖面；连接新华社现场云、人民日报党媒信息平台和长江云合作体等全国全省新媒体平台，借道出海，提升外宣能力；以头条号、抖音号、企鹅号等重点社会平台，双微矩阵、云上夷陵订阅号和200个专业媒体社群、区级微博微信矩阵为依托，加大优质融媒内容的二次传播和扩散，放大媒体的影响力。夷陵区融媒体中心通过加大平台建设力度，优化移动采编、策划指挥、创作分发、传播分析舆情大数据等功能，进一步规范新闻采编流程，但平台运用更简单、操作更便捷。

目前，夷陵区融媒体中心已建成可视化协同指挥系统、汇聚系统和统一编辑系统，指挥大屏、电脑屏、手机屏三屏内容统一，初步实现平台化生产。基本完成融媒体指挥系统、虚拟高清演播室和融媒体平台建设任务，初步形成一体化生产体系、多元化传播体系、扁平化组织体系、专业化人才体系，推动广播、电视、网站、微信和手机 APP 全面融合，基本实现了机构、内容、渠道、人员、管理的融合。

3. 对接省市融媒体平台，形成共享型媒介生态

夷陵区融媒体中心在传播矩阵的建设上也充分体现了省市县三级融媒体中心的资源共享与互联互通。

早在 2018 年底，夷陵就完成了融媒体协同指挥平台（一期）的建成及投入使用，并完成了省级融媒体平台接入工作和"市县一体"融媒体中心平台入驻。在建设过程中，夷陵融媒体重视与省市融媒体平台的对接与联动。其中，采编平台以湖北广电长江云融媒体采编平台作为技术支撑，采编系统的硬软件资源及日常技术保障维护由长江云负责。而新媒体发布平台主要由云上夷陵 APP、三峡夷陵网、湖北日报手机客户端夷陵频道、"夷陵发布"微信公众号、"魅力夷陵"微博公众号、"5210 我爱夷陵"抖音号、"夷陵发布"微信短视频号、"夷陵融媒"头条号等多个账号矩阵构成。云上夷陵 APP 是与湖北广电长江云新媒体集团联合建设的，客户端硬软件资源及日常技术保障维护由长江云负责。三峡夷陵网站依托宜昌市融媒体中心省市县一体融媒体中心平台建设，硬软件资源及日常技术保障维护由三峡日报新媒体公司负责[①]。目前"夷陵区与长江云和湖北日报客户端都积极实现对接，2022 年跟全国的 30 多家电视台做了直播，就是长江国家文化公园的直播，在去年获得了国家广电总局的奖项"[②]。

夷陵区融媒体中心通过共融共通，构建了一体化的内容生产体系、多元化传播体系，并通过扁平化组织体系和专业化人才体系的改革，实现了机构、内容、渠道、人员、管理的初步融合，"新闻＋政务＋服务"的融

---

① 参见 2023 年 7 月 18 日对访谈对象 Y2 的访谈。
② 参见 2023 年 7 月 18 日对访谈对象 Y5 的访谈。

媒模式日臻完善。其中，2022年全年生成"报、刊、网、端、微、屏"等融媒体作品2.7万余件，其中报纸、书刊等线下作品3000余件，网站、客户端、双微平台、数字显示屏等线上作品2.4万余件。在对外宣传方面，夷陵融媒的作品被中央广播电视总台采用46条，雾渡河猕猴桃等特色农产品9次亮相央视，湖北广播电视台采用稿件84条。"1+5+3+X"的传播矩阵帮助夷陵融媒在服务"强区主城、富美夷陵"建设中作用日益彰显，夷陵本地的知名度和美誉度也持续提升。

（二）日常运作时刻坚持党媒姓党

在日常运作中，夷陵区融媒体中心坚持党媒姓党，牢牢把握正确政治方向，深入宣传党的路线、方针、政策。一方面，推出"高质量发展"等专题专栏，传递党的声音，凝聚发展正能量；另一方面，以关键时间节点为宣传策划的切入点，适时推出精品内容。例如，在习近平总书记视察宜昌市许家冲村五周年之际，夷陵区融媒体中心策划推出《殷殷嘱托 五年奋进》《三峡移民新村许家冲：端稳生态"绿饭碗"》等全媒体作品，通过一个个鲜活故事，展现区域经济社会发展现状，全网阅读量超过200万。

2021年，为庆祝建党百年，夷陵区融媒中心特邀夷陵版画第六代传承人罗来清，以"九四"暴动历史为主线，刀刻墨染，渲染了峡江儿女投身革命、不怕牺牲的英雄事迹。2023年，夷陵区融媒体中心为深入学习贯彻习近平新时代中国特色社会主义思想和党的二十大精神，持续深化"党课开讲啦"系列活动，引导广大党员讲好夷陵故事、传递夷陵声音。6月27日，夷陵区委组织部、区委直属机关工委联合举办了以"锚定双千百强 凝聚发展气场"为主题的微党课总决赛，并持续开展"党课开讲啦"系列推介活动，进一步传递党的声音[①]。

---

① 参见2023年7月18日对访谈对象Y1的访谈。

二、"上群众喜欢的菜",建成区域信息枢纽

黄楚新、薄晓静认为,新闻客户端需要主动依托业界资源与相关企业、事业单位开展合作,并以线上、线下结合的形式对本客户端的服务动态展开宣传,进一步形成资讯服务、便民服务、健康服务等多维度服务体系①。对此,夷陵区融媒体中心始终坚持本土化原则,按照"媒体+政务+服务"的要求积极探索,着力推进服务群众"最后一公里",不断增强媒体自身的造血功能,提升媒体综合实力。

不同于省级融媒体中心和市级融媒体中心具有技术与资源的优势,县级融媒体中心资源相对缺乏,要获得长足发展,必须立足于地方性,深耕地方特色,紧贴群众需求。经过三年多的发展,夷陵区融媒体中心逐渐找到了适合自己的发展之路,即紧贴群众,用心进行内容生产,用情服务群众,为群众"上他们喜欢的菜"。为了提高传播效率,夷陵融媒在实践中打破工作壁垒,尝试以传统媒体和新兴媒体互为流量导入口,各种新闻要素深度融合、各种报道资源充分共享、各种媒体互联互通,形成了资源的正向流动。

(一)坚持做实内容,"上群众喜欢的菜"

夷陵区融媒体中心围绕"群众急什么,群众难什么,群众愁什么,群众盼什么"四个要点来思考并组织内容生产,坚持导向为民,做实内容。夷陵融媒根据群众需求变化上"好菜",打造爆款,传播夷陵文化,新闻精品层出不穷。该中心工作人员Y4表示"我们坚持上群众喜欢的菜,也就是我们媒体中心坚持在做事,坚持用文化内容服务群众"②。

夷陵融媒着力打造"爆款"新闻,在抗洪抢险、高考、文明创建、典型打造等方面涌现出一大批形式新颖、视角独特的精品。2020年3月,夷陵融媒针对群众买菜难与各大超市联合推出"安心宅在家 蔬菜送上门"

---

① 黄楚新,薄晓静. 深度融合时代主流媒体新闻客户端的发展创新[J]. 南方传媒研究,2023(3):12-18.
② 参见2023年7月18日对访谈对象Y4的访谈。

服务及超市配送二维码，实现线上下单。同年6月27日夷陵遭遇暴雨灾害，新闻记者第一时间到达现场，制作了《出行提示：发展大道暂时无法通行，请绕行！》《夷陵好交警破车窗救人》等多模态作品。

2020年7月，夷陵区融媒体中心和新时代文明实践中心联合发布志愿者招募令，招募社长志愿者1925人，有效保障了物资保供工作。

2021年，夷陵区融媒体中心开创全省县级融媒"媒体+旅游"先河，为地方经济重振和旅游发展复苏注入了强劲融媒动力。编辑变身"Z世代网红达人"，为乡村引流、为企业招工、为家乡代言，《媒体+旅游 云端见三峡》案例荣获湖北省内容创新案例第一名，并上榜全国新闻出版深度融合发展创新案例。2023年，夷陵融媒又聚焦本地重点项目，推出了"飞阅夷陵"短视频项目，为风土人情展示、地方产业发展助力。

党的二十大胜利召开时，群众盼着"春暖花开""大干快干"。夷陵区融媒体中心适时策划并推出13期访谈节目《2023，我们这样干》，相关内容在视频号浏览量达24万，抖音号浏览量达7.8万，微信公众号总阅读量达47492次，云上夷陵总阅读量达63610次。而在习近平总书记视察宜昌市许家冲村五周年前后，中心推出《殷殷嘱托 五年奋进》系列报道，以群众之忆、群众之声、群众之愿，全景式呈现五年来夷陵"牢记嘱托、感恩奋进"，相关报道被学习强国平台、经济日报、光明日报、中新社等国家级媒体转载，全网阅读量超200万。

一系列融媒体作品，如《暴雨中，民警破车窗救人》《点亮山村的烛光》《中餐厅来夷拍摄》等被频频刷屏、引爆舆论。夷陵融媒致力于服务人民群众，"云上夷陵"APP用户总数突破20万人。

（二）坚持服务群众，建成区域信息枢纽

夷陵区融媒体中心坚持服务群众，通过对"新闻+政务+服务+商务"模式的探索，将自身打造成区域信息枢纽。既是多种媒体形态，给群众提供即时性多模态信息服务；又是地方新闻移动网，多元汇聚新闻资讯，畅览天下大事；还是政务和服务端口，架起了政府与群众有效沟通的桥梁。针对群众的出行、寻医问药、生活缴费、商务交流等问题，夷陵区融媒体中心在"云上夷陵"APP上设置了政务、生活、便民、旅游、缴费共5大板块102项服务，搭建"田野上""智慧农业"等农村电商信息化服务平台，覆盖全区100多个行政村，推深做实政务服务和民生服务。

信息服务平台的建设需要处处考虑用户体验感，不仅要做到让用户高效、方便地读取，还要让用户随时都能参与其中，整体设计要突出人性化，为用户提供优质的阅读体验。同时还应将每一个用户看作是"独一无二"的，对每一起事件的报道也应尽量做到全面，并进行客观、真实、高效的传播报道[1]。打开云上夷陵手机客户端后，页面下方显示有"新闻""政务""服务""我"四大板块。"新闻"板块第一时间提供夷陵本地资讯及国内外实时新闻资讯，用户还可根据页面上方的标签自主选择相关内容，打造个人掌心资讯宝；"政务"板块为用户提供民生信息、招标投标、综合信息、政务信息，让用户线上查询办理政务信息更便捷；"服务"板块为用户提供天气预报、外卖、工资查询、快递、旅游、交通等各种便民服务功能；用户还可在"我"的板块设置个人资料，查看收藏内容与评论，了解客户端相关信息等。

夷陵区融媒体中心力推"政府服务事项网上办"功能，涉及45个部门的659个事项可以全程网上办理，包括水费、电费、医保、社保、公积金等查询及汽车订票等功能，老百姓不用赶赴各种办事窗口，只要在电脑或手机上轻轻一点，想要办理的事项就能在线完成，实现了群众少跑腿，办事不出门，随时随地办。由于假期出行人员较多，2023年"五一"小长假期间，夷陵区接待游客110.97万人次，"云上夷陵"及各A级景区微信公众号、道路交通电子显示屏等平台第一时间发布了A级景区最大承载量旅游交通预警及景区停车容量动态情况等信息方便游客错峰出行，保障了夷陵景区的良好秩序，塑造了良好的城市形象。如今，越来越多的生活服务从线下转向网上办理，为市民提供了极大便利。

---

① 董立平. 论主流媒体在新闻客户端传播渠道上的应用及发展方向 [J]. 传媒论坛, 2023, 6 (6): 87-89.

三、发掘地方特色，做好文化传承

深耕夷陵文化形象塑造，输出夷陵文化价值观，补齐文化发展的短板，打造"新闻+文化+旅游"的特色，这是夷陵区融媒体中心做出的另一个探索。该中心一直致力于传播夷陵当地优秀文化，率先通过"直播夷陵"行动打响第一战，让广大受众切身感受到夷陵山水的风光，从而推动旅游业的发展。夷陵区融媒体中心的工作人员 Y5 介绍道："其实我们是宣传思想文化工作者，虽然我们不是专职在做文化，但是我们对文化的传承和传播义不容辞，在这一块我们做了很多对巴蜀文化和峡江文化共同汇集地方的宣传。虽然没有形成完整的体系，但是我们一直在不断地摸索，逐步形成了'新闻+文化+旅游'的特色。"[①]

除了"直播夷陵"品牌，夷陵区融媒中心还致力于发掘红色文化、传统文化、志愿精神与感恩文化等诸多文化资源，全方位、多媒体展示夷陵的风土人情，提高自身"四力"。文化传播活动也打响了夷陵融媒的品牌。该中心工作人员 Y6 介绍："我们与上海东方卫视、与全国各级媒体联合直播的《理想照耀中国》，就是通过直播的形式展示了夷陵发展变化的历程，这个获得了 2022 年第 39 届湖北新闻奖的二等奖。"[②]

（一）传承与发展红色文化

传承与发展红色文化是夷陵融媒文化传播战略的重要布局。除了日常对党的文件、政策、精神等进行解读与宣传，夷陵融媒还深耕红色历史文化，创新传播红色文化。该中心工作人员 Y3 介绍道："莲沱'九四'暴动是夷陵的一个历史事件，我们根据这个事件进行作品创作，内容十分多样。例如，我们打造了一个广播剧——《我宣誓》，目的是追忆革命岁月，传承红色文化，这部剧还特别邀请了我们国家的第一代电视工作者来做旁白和配音。铁路工程师詹天佑曾经在夷陵修了一条铁路，但是当时并没有

---

① 参见 2023 年 7 月 18 日对访谈对象 Y5 的访谈。
② 参见 2023 年 7 月 18 日对访谈对象 Y6 的访谈。

完成。我们便通过'云上夷陵'平台进行宣传，用'新闻+视频'的形式展示了铁路公园遗址，响应了主抓城市品牌与传播的主导任务，把红色文化融入城市品牌塑造与传播当中。"①

（二）发掘传统"峡江＋巴蜀"文化

在传统文化展示方面，夷陵区融媒体中心也开展了大量深耕历史文化、做响民俗文化的宣传活动。工作人员Y3讲道："我们在2022年过年之前推出了一系列小视频，包括剪窗花、磨豆腐、打年糕等等，这一系列的小视频都是在传承夷陵的传统文化。还包括夷陵自身的农业文化，比如说柑橘、茶叶、猕猴桃是我们的特色农产品，但是我们也是世界猕猴桃的原产地，那么我们就通过这个直播跟央视联动，推广夷陵农产品。"②

在非遗文化的传播上，夷陵融媒打造了《云端三峡》直播等特色活动。《云端三峡》的上线直播，开启了全新的文旅融创之路，全方位展示了夷陵山水与文化之美，为推动夷陵重振和经济社会高质量发展凝聚起强大的精神力量。Y4介绍道："我们打造的《云端三峡》也是结合峡江文化，包括号子、皮影、阮曲、宜昌丝竹等等，我们会定期对非遗文化进行题材挖掘。我们还在直播的活动当中对非遗文化产品进行相应展示，将夷陵非遗文化用诗朗诵、歌曲等多种形式呈现。我们在梳理中发现了16首含有夷陵元素的歌曲，便将这些歌曲拍成不同主题的MV，进行展示。"③ Y5补充道："《云端三峡》中的非遗文化不仅包括我们峡江的山山水水，还有茶文化，如茶岩古镇，它实际上是一条街，但是把整个宜昌地区的非遗茶文化完全展现出来了，同时我们平台会有针对性地输出茶文化。"④

（三）弘扬志愿精神与感恩文化

志愿服务与志愿精神是新时代文明实践的重要构成，夷陵区融媒体中心打造了"5210我爱夷陵"服务品牌，依托10大志愿服务联盟，开展党

---

① 参见2023年7月18日对访谈对象Y3的访谈。
② 同①。
③ 参见2023年7月18日对访谈对象Y4的访谈。
④ 参见2023年7月18日对访谈对象Y5的访谈。

的政策宣讲、涵养文明新风等5类新时代实践活动，打造了"心安365""东湖一点点"等18个社区志愿服务样板，培育了"关爱生命救在身边"等8个最佳志愿服务项目，壮大了夷陵点亮公益戒毒工作室等40个最佳志愿服务组织。夷陵区融媒体中心的工作人员Y6强调："从2018年开始，我们就坚持做志愿服务。中宣部曾经在湖北省举办新时代文明实践论坛，我们单位是唯一一个受邀做交流汇报的县市区融媒体中心代表。同时'5210'也具有深刻的意义，'5'指的是五类文明实践，是我们深入学习贯彻《关于建设新时代文明实践中心试点工作的指导意见》的具体实践；'2'是融媒体中心和新时代文明实践指导中心的两心融合，其他的地方文明实践更丰富多彩，但是线上线下结合得这么紧，我们算其中之一，但还没做到最好；'10'是十大志愿服务联盟，当前把十大志愿服务做成联盟的只有我们夷陵区。所以我们在跟中宣部文明实践处处长交流时说我们真正把'5210'跟文明实践做成了。这对于夷陵区来说就是'天赐的良缘'，因为我们叫夷陵区，我们便用夷陵十个志愿服务联盟去对应去呼应它"[1]。Y6还表示"我们连续四年都策划了'送你一朵芍药花'这个活动，它本质上就是一种感恩文化的传承"[2]。

（四）做好知名企业与品牌的文化传播

本土知名企业和品牌的传播也是夷陵区融媒体中心文化传播的重要对象。Y3介绍道："我们跟三峡人家一起打造线上的'云端三峡'大剧院，也做过稻花香演唱会的宣传。当然我们的传播不仅包括对稻花香产品的介绍，也包括企业发展的方方面面。比如稻花香企业最近在打造一个新的项目——万吨新香型白酒酿造生产基地，我们就通过'飞阅夷陵'这样一个短视频的形式，不断地宣传这个项目。节目反响非常好，因为'飞阅夷陵'是站在常人看不到的视角和高度以及深度对夷陵景区及企业进行全面重点宣传。"[3] Y4也介绍道："前一段时间我们和百里荒一起做的滑翔伞全

---

[1] 参见2023年7月18日对访谈对象Y6的访谈。
[2] 同①.
[3] 参见2023年7月18日对访谈对象Y3的访谈。

国邀请赛，也是上了央视，全网阅读量过了三千万。百里荒是夷陵著名的景区，首先是张艺谋导演的电影《山楂树之恋》取景地，其次百里荒这个名字是因欧阳修的诗而得名，最后百里荒它不光是一个景区，也是一个市级的乡村振兴试验区，同时还是一个爱情文化的发源地，这里有史上最完整的爱情神树白柳，所以百里荒也是一个有爱的地方。"①

（五）精心打造区域文化传播品牌

夷陵区依托融媒体平台精心打造了一批富有地方特色、百姓喜闻乐见的文化传播品牌。夷陵区融媒中心工作人员Y3指出："我们在文化方面持续不断地创作精品，这不仅对于地方文化的传承、经济社会的发展具有重要的推动作用，而且对于服务地方政府和老百姓也具有重要的意义。"②

在传统电视节目方面，夷陵区融媒体中心制作了大型寻访纪实栏目《天南地北夷陵人》，遍访夷陵籍优秀人士，彰显夷陵儿女的人格力量，受到各界好评。制作播出的大型网络直播栏目《我秀我的村》，充分展示了夷陵乡村魅力与乡村振兴成果，被中国传媒大学专家教授称赞为"最接地气"的节目。此外，夷陵融媒还开设了《夷陵好人》《文学艺术》等专题专栏，弘扬社会正气、引领文明风尚、弘扬先进文化。与东方卫视等电视台联合制作的《江山多娇——探访国家文化公园·长江篇》《中国节令——小暑》等直播活动，通过视频的形式宣传了夷陵的文化品牌和文化特色③。

在新媒体矩阵方面，夷陵融媒围绕夷陵品牌进行宣传发力，策划推出了"说古道今"专栏。该专栏以文学性、趣味化的风格，展示了夷陵人文历史、风土人情，备受市民喜爱和各界关注，得到市级媒体的推介转发。夷陵融媒还积极传承弘扬屈原文化，配合做好屈原文化"七进"宣传，制作上线了夷陵区原创屈原文化推广歌曲《香草幽兰》MV。此外，夷陵融媒还推出了在云端体验绝美的三峡风光、原生态的民俗歌舞表演、独特的

---

① 参见2023年7月18日对访谈对象Y4的访谈。
② 参见2023年7月18日对访谈对象Y3的访谈。
③ 参见2023年7月18日对访谈对象Y7的访谈。

峡江文化的视频，开展"大美三峡在宜昌"系列传播活动，推介宜昌世界级滨江山水城市风光。

总之，夷陵区融媒体中心全方位、多渠道开展"打造长江大保护典范城市"的宣传，助力宜昌打造长江文化地标。

四、打造"精品直播+主题活动"，做好地方品牌传播

为做好地方品牌的传播，更好推进文旅融合，2020年8月8日，夷陵区融媒中心联合宜昌三峡环坝旅游发展集团在"云上夷陵"开设"云端三峡"，以直播等形式为游客打造沉浸式游玩体验，依托"云端三峡"开展文旅融创实质性的深度合作。"云端三峡"大型山水实景直播秀活动，以绝美的三峡人家风光为背景，在3.7平方公里核心景区内打造360度山水实景大舞台。这是湖北首场大型山水实景直播秀，开创了国内"融媒体+旅游""融媒体+景区"的先河，线上线下的游客体验到浸入式旅游的独特魅力。这场直播让全球观众看到了最美的三峡、最美的宜昌、最美的夷陵，绘制出一幅波澜壮阔、媒旅融合的恢宏画卷。大密度高质量的媒体创新服务举措不仅扩大了媒体影响力，也收获了用户，增强了县级融媒体自身的造血功能，提升了综合实力。

《飞阅夷陵》是夷陵融媒推出的一档创意类短视频，主要通过航拍短视频的方式，运用常人看不到的高度来展现夷陵的山水风貌。目前已经做了21期，创新报道的高度、深度和角度，精准展开对一个区域的宣传，做好城市品牌宣传。作品屡获市委领导点赞，平均浏览量超10万+[①]。

2023年，夷陵融媒还推出了系列主题活动，如百里荒"青燥"音乐节直播，单次播放量在65万+，全网总计观看量3500万+；百里荒滑翔伞飞行直播，全网观看量达3000万+。

除了风景、活动的直播，夷陵区融媒体中心还推出全国农民广场舞赛、宜昌（夷陵）柑橘节等大型活动的直录播和带货直播，平均每年完成

---

① 参见2023年7月18日对访谈对象Y5的访谈。

直录播 80 多场次。2020 年 3 月 25 日，携手学习强国平台和长江云，共同开展"居家抗疫 不负春光"——《夷陵花成海 三峡游奇潭》网络直播，累计阅读量达到 300 万 +。夷陵区融媒体中心平均每年完成直播 80 多场次，年阅读量 1000 万 +，"直播夷陵"品牌深入人心。推出的《天南地北夷陵人》《丰收·中国》《奔跑吧！柑桔》《夷陵花成海 三峡游奇潭》等专题节目和直播连线，让媒体影响力及夷陵美誉度与日俱增。推出的《希望》《初心》等专题片展现了三峡移民的奉献与担当。《呐喊吧！少年》节目得到广大师生和家长的关注和喜爱，落实了做响"直播夷陵"品牌。

作为一家县级融媒体中心，夷陵区融媒体中心积极实现与长江云移动融媒体平台的对接，以平台共建、资源共享、优势互补的方式，打破了省市县三级媒体在媒体融合进程中单打独斗的局面，打造出属于主流媒体自己的数据汇聚平台。夷陵融媒坚持"新闻 + 服务 + 政务"的总体要求，发挥媒体融合的长处，利用天然的地理优势，大力发展"新闻 + 文化 + 旅游"，将夷陵的风土人情、干部作风真实呈现给全国各地的民众，做好城市品牌的形象传播。在依托长江云实现转型升级的基础上，构建区域性媒体融合新生态，拥有全球视野、前瞻布局、博大胸怀、人文精神的夷陵区融媒体中心已成为全省乃至全国的典范。

第三节　秭归县融媒体中心："农产品 +
数字乡村"助力县融增效

2019 年 3 月挂牌成立的秭归县融媒体中心的发展特色鲜明，在人、财、物等资源不充足的情况下，通过"农副产品的开发保底、数字乡村开发增效、云居三峡建设蓄能"等方式，迅速成长为湖北省第一家国有性质的县级融媒创新集团[①]。创办四年多来，秭归县融媒体中心坚持"小投入、正能量、大传播"的发展原则，推进"融媒 + 活动"常态化、品牌化、标

---

① 参见 2023 年 7 月 18 日对访谈对象 Z1 的访谈。

准化，努力用"融媒+活动"讲好秭归故事，推动经济发展，增强百姓获得感。

一、小平台惠及大民生

秭归县融媒体中心通过平台整合、数据共享、丰富宣传形式等途径，构建了秭归融媒多元化、立体化的宣传格局：向内组建了容纳广播、电视台、网站、微信微博、云上秭归客户端、橙子融媒抖音号、视频号等全媒体传播矩阵；对外借助长江云、湖北日报客户端、现场云、央视客户端等平台，畅通了外宣渠道。在管理方面，打破过去按照媒体属性划分部门的做法，按照新闻传播策、采、编、发的规律科学设置部门，理顺了内部运行机制；同时，推动全员绩效管理，实现了"一人多岗、一专多能"。在采编方面实行责任编辑制、编导负责制、新闻稿酬制、争先创优制等多种制度。

在资金投入、人力资源和技术设备等都不充足的情况下，秭归县融媒体中心在深化经营上下功夫，大胆探索自我发展模式，增强自我造血能力，抓住本地橙子等农产品产业的独特优势，盘活了有限的县融资源，健全了台网微端立体传播、全终端覆盖的全媒传播新格局，推动媒体融合向纵深发展，更好引导群众、服务群众。

利用社区信息枢纽的小平台，尽可能为更多的用户提供大民生，这是秭归县融媒体中心摸索出的发展之路。一方面，整合资源打通信息服务壁垒，拓展便民服务功能；另一方面，抓住本地农副产品的资源优势，建设服务场景和数字场景，引导群众线下线上参与文化活动，增加媒体对用户的黏度。

在社区信息枢纽建设方面，秭归融媒体中心的服务涵盖人民群众生产生活方方面面，基本实现了人民群众在哪里，宣传服务就跟踪到哪里。针对本地产业以农副产品为主，对天气的依赖程度较高，秭归融媒增加了应急宣传，服务群众生活。2023年7月以来各平台发布紧急通知、灾害天气预报等应急信息40多条。而"云上秭归"APP的频道和内容更加丰富。

它包含政务服务12345平台，拓展了"党务+政务+服务"功能，还设置有"智慧党校"频道。该频道依托党建信息办公系统、党建服务网站、微信服务公众号等载体，为党建工作搭建了信息化管理的"一库四平台"。所开设的"屈子学堂"通过常态化开展"感悟屈原文化，弘扬爱国精神"为主题的教育活动，组织相关人员诵读《橘颂》《离骚》《九歌》等经典作品，讲述屈原为国为民、刚正清廉的故事，促使用户树立正确的是非观、荣辱观、美丑观。

秭归融媒还统一注册应用"秭归社矫"政务微信，建立"屈子学堂"线上夜学制度，每晚7点推送屈原文化、秭归动态、以案学法等内容，发布社区矫正管理规定、正反面典型案例、就业创业指导等信息，进一步拓宽学习教育的途径和方式。坚持"善矫者矫人心"的人文矫正理念，开发"屈子学堂"心理矫治微信小程序，实时开展社区矫正对象心理评估，建立个人心理档案，帮助他们消除不良心理，重塑其健全的人格，使其健康顺利融入社会。

此外，"云上秭归"APP还开设了"屈子同心驿站"，该频道坚持问题导向和效果导向，重点围绕屈原文化"一标三地"建设和乡村振兴工作，通过一线协商，发挥委员的主体作用。另外，"云上秭归"APP还有智慧停车、VR全景（三年更新一次）等不同服务。

秭归融媒还在深化创新上下功夫，加强理念、模式、产品、机制和品牌创新，做大做强主流舆论，形成网上网下同心圆。围绕本地橙子产业，秭归融媒以橙子作为IP，策划组织了大量的活动、直播和文化。全年结合秭归的文化特色，举办端午龙舟文化节、诗歌文化节、脐橙文化节等大型赛事活动，中心还通过新华社"现场云""广电云"等平台共进行了22场90次网络直播，浏览量均在10万+[①]。

总之，秭归县融媒体中心破除技术壁垒，构筑"融"的平台；遵循传播规律，创建"融"的机制；全员绩效管理，激发"融"的动力；推行一

[①] 参见2023年7月18日对访谈对象Z1的访谈。

人多岗,搭建"融"的舞台;加强策划调度,落实"融"的目标;创新宣传形式,探索"融"的路径;聚合社会资源,营造"融"的生态。经过四年多的发展,秭归县融媒体中心台网微端的用户由过去不到3万的电视用户、2万多的网络用户,发展到现在总用户量突破45万+,开机量每日6000人、基本日活量为3000人①。

二、用"融媒+活动"讲好秭归故事

秭归县融媒体中心坚持"小正大"的发展原则,即"小投入、正能量、大传播",推进"融媒+活动"常态化、品牌化、标准化,努力用"融媒+活动"讲好秭归故事,推动经济发展,增强百姓获得感。

(一)围绕小橙子打造大IP

脐橙产业是秭归县的支柱性产业,它与文化旅游、橘颂文化、峡江文化、屈原文化、移民文化都有进一步有机融合的可能性②。秭归每年橙子产值高达100亿,70%人口大约20万人加入了种橙子的行列之中③。秭归融媒就抓住这一点,积极打造橙子IP,并结合商务活动助力地方经济社会发展。

秭归县地处长江西陵峡畔,独特的峡江小气候让秭归县成为一个四季有橙、四季有花、四季有果的好地方,是著名的"中国脐橙之乡"。在农业科技研究的支持下,秭归实现了"四季有果挂枝头",春天产伦晚、夏季产夏橙、秋天产九月红、冬季产纽荷尔。秭归县持续走"质量兴橙、绿色兴橙、科技兴橙、品牌兴橙"之路,以坚实的产业支撑进一步落实乡村振兴政策。脐橙产业生态化、标准化、规模化的发展,带动了其他行业的发展,例如加工、运输、储存等行业④。在发展脐橙主导产业的同时,当

---

① 参见2023年7月18日对访谈对象Z1的访谈。
② 向长海,张光国,马娟,等. 新发展理念下秭归脐橙产业发展现状与对策[J]. 中国果业信息,2021,38(10):19-22.
③ 参见2023年7月18日对访谈对象Z2的访谈。
④ 吕丝屏. "直播+"模式下秭归脐橙的营销创新研究[J]. 食品研究与开发,2023,44(13):229-230.

地政府积极引导老百姓利用房前屋后、坡上坎下、田边地角种植以庭院经济为主的樱桃、枇杷、山桃、葡萄、李子、猕猴桃等特色小水果,品种多达 24 个,全年都有鲜果上市,不仅美了庭院,也富了口袋,呈现出"户户有产业、季季有鲜花、月月有鲜果"的良好发展态势,为打造成为坝上库首第一村、中国小水果第一村注入强劲动力。

秭归融媒发挥地方宣传舆论阵地的作用,在助力地方农产品品牌化的过程中,延长了秭归脐橙产品的产业链,促进秭归脐橙产业化、规模化经营。同时还挖掘当地特有的文化,结合当地的农业文化、历史文化和自然文化,讲好秭归脐橙的产品故事。

围绕秭归脐橙的品牌化,秭归融媒每年都会策划推出"橙子王评选"活动,根据脐橙的糖度、水分、外观等进行评选,获选的农户会获得农用车等奖品,而秭归融媒则会对活动进行全程直播。秭归融媒还围绕橙子的生产周期,结合传统节假日,策划举办了年猪节、年货节、春茶采摘节、纳凉节、小水果采摘节、核桃青果开园节等文化活动 201 场次。当前,音乐节是年轻人的"新宠",秭归融媒就抓住青年人个性鲜明、向往自由、愿意为自己爱好的事物付出的特质,举办了橙子音乐节。橙子音乐节活动未邀请著名明星,而是采取线上线下两种方式庆祝秭归伦晚、夏橙丰收,音乐节汇聚乐队、舞团、激光秀 DJ、国潮等独具特色时下最流行的表演元素,将木鱼岛打造成当下年轻人可以抛去烦恼、嗨动狂欢的舞台,活动现场还可以品尝秭归特色小吃。音乐节活动在线下吸引了超过 5 万人次参与,线上吸引 60 万网民观看。抖音"橙子音乐节"话题迅速刷上同城热搜榜第一位,24 小时内话题阅读量超 480 万。

秭归融媒还计划打造"源秭原味"("食秭名归""有秭有味""云耕秭归"备选名)等农副产品公用品牌,开发 12 个系列全食品链农副产品,制定生产标准和包装,对接全县食材基地和农副产品加工企业。推动农副产品开发的品牌化、标准化、系列化、规模化,践行用工业化思维推动农业产业化发展理念①。

（二）打造好本地文化品牌

秭归县的文化资源也非常丰富，屈原、西陵峡、三峡大坝、诗歌之乡、龙舟之乡等，利用好这些文化资源，打造本地文化品牌成为秭归融媒的重要发展策略。

围绕屈原文化，秭归融媒每年都会举办"我在秭归过端午"活动，打造相关文化品牌，同时还开展云上端午展馆，以云端形式展现秭归当地的特色传统。开发屈原《招魂》里的美食菜单也是秭归融媒的一项文化创新活动，除了根据菜单进行美食创作，还邀请文联人员、群众等进行屈原家宴美食评选活动，共计征集了108道菜。2022年，秭归融媒策划全民读《楚辞》活动，共推出98期《楚辞咏流传》系列视频，吸引了全国各地近10万人参与，引发全社会读《楚辞》的热潮。

在其他节假日，秭归融媒也积极举办各种文化活动。如策划举办了《喜迎国庆 欢乐城乡》大型群众歌咏活动，活动走遍了全县12个乡镇，共举办了16场次，吸引了6000多名群众参与活动，通过吸引群众参与文化活动，改陋习、树新风，丰富老百姓精神文化生活。访谈对象Z1表示："我们经常举办活动，频率高达一个星期一场活动，以办活动见长，实现宣传和文化效益、经济效益和社会效益的叠加，也展现秭归融媒的一种责任与担当。"②

秭归融媒还经常开展歌舞大赛等群众文化活动，推出多种"文化＋商务"的特色活动。如评选"最美青滩姐"，举办"最美青滩姐"加冕仪式，举办"花花西陵 果果青滩"小水果之夜音乐会，举办小水果品鉴，推介西陵峡小水果认购卡，评选西陵峡村"最美庭院""最美小水果之家"，并举办授牌仪式等。各式各样的文化活动不仅让当地百姓获得了实惠，也打响了当地的文化品牌。

---

① 参见2023年7月18日对访谈对象Z1的访谈。
② 同①.

三、探索数字乡村场景的应用与开发

围绕数字乡村场景的应用及开发，秭归县融媒体中心进行了许多创新尝试。秭归县融媒体中心抢抓数字乡村建设机遇，推进智慧村改项目，为部门和群众提供"一站式、智能化、综合性互联网服务端口"。秉持"小投入，大传播"的思路广泛推进小场景建设，花费20万至30万建一个小场景，如幸福村落、最美村庄等，并通过"最美村庄、最美集镇、最美村落"等不同小程序来调动百姓参与的积极性，设置打分、打榜等不同模式充分引流。

秭归融媒还打破数字壁垒，广泛聚合并有效汇聚各类本土资源，初步建成了"数字秭归可视化展示中心"。可视化展示中心汇聚了智慧停车、智慧城管、农抬头、电商平台、秭归脐橙大数据等多项数字服务，自主开发了"智慧厕改""健康监测""人才驿站""幸福村落""幸福社区""大思政""屈子学堂""三美同建"等50项场景应用。而"云上秭归"也开通了农技微课及便民电话、农路交通、天气等民生热点信息查询功能，为群众提供全方位信息资讯服务。

在数字场景的开发与应用方面，秭归县融媒体中心计划把融创科技有限公司作为秭归大数据管理局旗下的市场主体重点加以培育。一方面，有效对接、汇聚各平台数据资源，开发利用好数字资源；另一方面，自主创新开发建设贴近群众生产生活的数字应用场景。形成"一站式、综合化、智能化"移动服务端口，为全县数字乡村建设打下坚实基础[①]。

四、创新文旅类视频为城市形象传播助力

湖北省秭归县集山、水、峡、坝于一体，长江三峡、三峡大坝、屈原故里等世界级的文化旅游资源聚集叠加，享誉世界的屈原文化、多姿多彩的柑橘文化、独树一帜的龙舟文化、兼容并包的巴楚文化、引人注目的移

---

① 参见2023年7月18日对访谈对象Z1的访谈。

民文化、历史悠久的峡江文化交相辉映，这些都成为助推秭归县融媒体中心创新发展的沃土。

2021年10月，微信视频号"文旅秭归"开通。该视频号以传播屈原文化、推介秭归为出发点，坚持原创，坚持首发。截至2022年12月，"文旅秭归"微信视频号共发布短视频188个，全网播放量超过800万次[①]。

秭归融媒还通过多种渠道打造矩阵营销，在文旅局运营的"文旅秭归"微信视频号的基础上，相继开通抖音号"飞阅屈乡""秭归文小旅"。其中，"飞阅屈乡"以航拍秭归山水景物为主，"秭归文小旅"以日常工作生活为主。2022年4月，开设"秭归到处是欢笑""秭归到处是龙舟""秭归到处是文艺范儿""我在秭归很想你"等视频话题，面向社会开展随手拍活动，组织全员参与秭归文化旅游短视频宣传营销。而"云上秭归"APP也发布了900多条短视频内容。

在短视频创作上，秭归融媒的短视频在走乡土乡情风格的基础上，尝试结合内容特点探索不同的表达风格，如推出《离职宣传片——芝兰谷》《秭归有个石头城堡》《秭归青年》以及变装类的古风视频、音乐类短视频等。

为了扩大短视频的影响力，秭归融媒还通过公众号推文来增强互动，用推文的形式摘录观众对短视频的评价，征集观众想看的短视频，实现了短视频的内容优化与质量提升。抖音短视频《让生命落叶归根 秭归首例节地生态安葬完成》全网播放量达300万+，《"我们都是后来人"主题演讲比赛：信仰力》播放量达100万+。微信视频号短视频《千架无人机大秀，6月2日将点亮秭归夜空！》播放量达50万+。作品《为梦想再战斗》荣获国家网信办"五个一百"网络正能量作品奖，公益广告《守望》入选省广电局公益广告扶持项目，四年来共有29件作品获省、市级新闻奖。

成立四年多以来，秭归县融媒体中心克服了人、财、物资源有限等各种现实问题，在湖北省率先完成融媒试点建设任务，实现了小投入实现大

---

① 湖北秭归搭上短视频营销快车[N]．中国旅游报，2022-12-09（15）．

效应、小团队发挥大能量、小平台汇集大民生。秭归县融媒体中心发掘本地资源，结合本地优秀的乡村文化、农村生态体系以及非物质文化遗产，精心打造特色农产品，助力文化品牌传播[①]，通过乡土文化的深层开掘和创新传播等实践，为县级融媒体中心的发展开辟了一条新的道路。

第四节　利川市融媒体中心："新闻＋城市营销"推动县融建设

利川市融媒体中心于 2019 年 3 月正式挂牌，坚持移动优先理念，以"融媒体＋城市营销"的方式，使舆论引导走向"全民化"，助推城市形象推广走向"全域化"。目前已形成了以利川电视台、云上利川、中国利川网、指尖利川微信公众号、指尖利川 V 视频号、指尖利川抖音号、利川发布微博号、广播电台等为主体的全媒体传播矩阵。

一、坚持移动优先，实现内部融合，建立全媒体传播矩阵

作为基层新型智慧平台，县级融媒体中心需要利用多种媒体资源，构建出"新旧融合、一次采集、多次生成、多渠道传播、全面覆盖"的生态[②]。为了提高传播能力，建设"一流"的县级宣传阵地，利川市融媒体中心遵循上述思路，先后组织员工赴浙江长兴、湖北赤壁等地考察学习，并将原来分属两家单位的 14 个平台融合成利川电视台、网站、指间利川系列、广播电台、云上利川系列、微博手机报、显示屏、纸媒 8 个大平台，构建起传播内容、形式、载体多元化的全媒体矩阵。

在管理上，利川市融媒体中心实行平台总监制，统筹了广播、电视、PC 端网站、云上利川客户端系列和指间利川微信公众号系列。其中，利川电视台现有利川综合与利川公共两个频道，有文字编辑 2 人，视频编辑 2

[①] 魏艳文. 县级融媒体功能价值的再开发路径探析 [J]. 新闻前哨，2022（22）：22-24.
[②] 方启雄. 平台化转型：县级融媒体中心参与基层社会治理的创新实践 [J]. 河南社会科学，2022，30（9）：104-110.

人，包装1人，机房3人，采访记者10人；网站包括中国利川和政府网站运营，是融合发布平台之一，有编辑2人；指间利川系列含公众号、抖音号和小程序等，完成了新闻与服务一体化；"指间利川"微信公众号每天播发时事政策、脱贫攻坚等新闻消息，有编辑4人；广播电台现有调频FM100和村村响两个频率，有编辑1人，主持人2人，导播1人；云上利川系列包含云上利川客户端和今日头条云上利川平台，目前，云上利川实际下载用户总数5万，月活数126.6万，平均日活数12.5万，政务信息公开平均每天60条，在线政务服务最多能开设8个。

在内容生产上，经过几年的传播实践与探索，利川市融媒体中心已经建立了成熟的内容生产流程：融媒体生产流程已经熟练并广泛地应用于我们日常新闻生产，以新闻宣传为主，辅之以报告文学等。我们的融合生产平台基本流程是先由通讯员投稿，记者完成采编传到后台，编辑把稿件进行修改，最后送审①。打造名牌也是利川融媒内容生产的一个目标。《朝闻利川》就是"云上利川"打造的一个品牌栏目，定位于地方性早报，分为新闻、政务、服务三大板块，用图片、音频、视频等形式丰富栏目内容，基本实现全媒策划采集、融合制作发布、全媒矩阵发布传播，构建起"大利川·微视界"的融媒宣传格局。同时还推出了"脱贫大攻坚""不忘初心、牢记使命""壮丽70年、奋斗新时代"等30余个专题专栏。《品读利川》杂志和《恩施日报（利川版）》也办出了特色。而利川的春节联欢晚会也多次获得"春满楚天"湖北省地方春节文艺节目一等奖。高质量的作品也带来了良好的舆论宣传势头。

二、联通内外，建立互通协作共享型平台

共享是移动互联网平台的最大特点，也是最根本的发展逻辑。依托湖北广电长江云，利川市融媒体中心也建立了连接省级媒体平台，乃至全国媒体的共享型平台。

---

① 参见2023年6月14日对访谈对象L1的访谈。

利川市融媒体中心的融媒体采编系统，已经成功入驻省级平台，可以与长江云平台、湖北日报客户端进行对接，积极与省市级平台进行联动，实现数据与信息的共享。访谈对象L3提道："我们的网站系统在后台进行策划采集编辑发送，通过长江云后台来编辑新闻、图片，再通过后台统一发布到我们本地的网站平台，信息基本打通。"① 自去年以来，长江云、湖北日报客户端用平台思维全力推动开放共享，激发了县市融媒"共享"的热情。访谈对象L2说道："我们的新闻稿件并不仅限于本地发布，我们持续向更大的平台进行投稿，经常会上州台、恩施日报甚至湖北日报，其次我们开通了人民号和新华网的新华号，并每天安排专人进行稿件传输，沟通联动频率频繁。"② 省级平台的相关系统应用在利川市融媒体中心内部人员的接受度、认可度很高，能够在很大程度上提高采编人员的效率，推动新闻生产智能化。

关于目前与省级平台系统的联动情况，L2提道："我们质量不错的稿件会自荐到审计平台，平台筛选有影响力、吸引力的文章抓取到首页推流，推送至学习强国平台或者是省级的抖音短视频平台、视频号，目前在湖北日报、长江云平台都有发布过，推送成功的稿件点击率及热度很理想。"③

与其他媒体联合开展活动也成为利川融媒体对外联动的一种新尝试。2023年5月18日，正值国际博物馆日，湖北日报与武汉、襄阳、荆州、恩施、黄石等地的10个县市区的融媒体中心，开展"博物馆奇妙日，一起寻宝荆楚"大型联合直播，在湖北日报客户端、微信、抖音号、快手号和各区融媒平台同步推出。利川市融媒体中心选取利川水杉博物馆作为直播场地，走近文物，普及中华传统文化。截至18日16时，这次联动直播活动的全网点击量达251万，冲上了微博同城热搜榜。

L3提道："这种联动活动有很多，因为长江云平台为湖北省内所有县市的融媒体中心负责人设有交流群，可以将热推内容发给群内专门的管理

---

① 参见2023年6月14日对访谈对象L3的访谈。
② 参见2023年6月14日对访谈对象L2的访谈。
③ 同②。

人员，以任务的形式编辑共享至群内。然后省级云平台以及下面的所有县市的子平台全部转发，大家一起合力实现资源共享，建立省市县三级融媒体中心共享联动云平台生态圈，最大限度扩大新闻宣传和舆论引导的效果。"[1] 省级平台协调各县市单位加大数据报送力度，动态互动、及时分享、定向推送发稿信息，同时定期将频道发稿情况及阅读数量反馈回传，以此刺激县级融媒体平台聚力，提高创作效率，这种模式也在一定程度上提高了节目的生产速度，并提高了媒体的传播力。

此外，利川市融媒体中心还积极与外省媒体乃至全国性媒体开展合作。如"云上利川"直播就联动了长沙广播电视台的《观点致胜》栏目，今日头条为中国利川网开通了信息发布绿色通道，在APP首页设置中开通了中国利川网头条号。利川市融媒体中心还与重庆华龙网、湖北荆楚网达成合作协议，建立学习互通渠道，同时实现新闻资讯共享目标，为利川对外宣传助力。

三、依托丰富旅游资源，打造城市特色名片

利川市地处"三峡旅游圈""新清江旅游线"的重要区位，是土家族和苗族聚居区，有着"中国凉城"之称，拥有特色少数民族文化历史，四季皆宜并且有独特的自然风光，推广和宣传城市生态文化旅游也成为利川市融媒体中心的重点工作。以"指尖利川"微信公众号为例，该账号近两年阅读量排名第一的推文，都与宣传推广利川市丰富的旅游资源有关。2021年发布的《连续五年被评为"全国百佳深呼吸小城"，利川怎么做到的?》《来嘛！利川教你怎么"森"呼吸……》展现了利川优美原生态的自然环境风光，而《端午三天，利川市共接待游客14.98万人次》展示了利川市的旅游收益。据罗豫鑫调查发现，"凉爽""生态旅游""凉城"等关键词是利川融媒的高频词汇[2]。

---

[1] 参见2023年6月14日对访谈对象L3的访谈。
[2] 罗豫鑫. 利川调查：武陵山区县级融媒体中心建设的个案研究［D］. 恩施：湖北民族大学，2020.

除了公众号推文，视频内容也是利川融媒体推广当地旅游资源的重要方式。其中，"指尖利川"视频号、抖音号以独创性的短视频为主要传播方式，直观准确地展示利川的旅游资源，成为利川旅游业发展的重要推手。而微电影也成为推广利川的重要武器。如利川市融媒体中心着力打造的微电影《悬圃利川》，就选取了腾龙洞、佛宝山龙船水乡、大水井等利川市代表性景区以及苏马荡、永顺桥城区等标志性景点进行取景拍摄。该电影以"双植入"的方式将利川人文自然景观植入电影，将故事情节有机植入利川场景，全面展示了利川的地质地貌、气候资源、区位交通、民俗文化优势。

其他媒体也为利川市的旅游发展提供了助力，如湖北日报发布的《一个月迎来700万游客》重点推介利川，利川更是在5天内2次登上央媒，作为"凉城"的利川，生态环境的优势借助媒体传播成为享誉全国的绿色名片。利川市文化和旅游局推出的智慧旅游营销与服务平台——"一部手机游利川"成为游客游览利川的利器。平台融合了大数据、人工智能、AR等先进技术应用，将景区、酒店、文化场馆、餐饮、民宿等旅游要素"一网打尽"，实现了酒店预订、线路导览、景区预约、美食推荐、旅游投诉、找车位等功能一体化。央广网、环球网、新浪网、新华社客户端、央视中文国际、湖北卫视、恩施电视台、利川电视台、利川交通广播，以及新媒体平台如澎湃网、中国周刊、凤凰网、中国航空旅游网、国家旅游地理等媒体都对之进行了报道。

一直以来，利川市以凉爽的气候、绿色生态康养而被很多游客熟知，经过中央省市县四级媒体平台的推介，宜居宜游的气候和环境成为利川城市形象最具有辨识度的象征符号。

四、发挥地域优势，打造特色栏目，提高核心竞争力

县级融媒体中心承担着联系和服务基层群众的职能，是现代传播体系的基础环节。但是县级媒体由于资源短缺及前期建设的不足，在新媒体时代面临着巨大的生存危机。想要扬长避短、凸显自身特色、实现差异化竞

争、打造特色栏目便成为利川市融媒体中心的突围之道。

利川市融媒体中心突破传统的新闻宣传模式、结合地方文化特色、改变单一的宣传方式，把镜头瞄准群众，栏目做成受众喜闻乐见的传播方式，做到真正贴近群众，让群众参与到栏目当中，实现新闻性、宣传性和受众的"三位一体"。自设广播栏目《你好利川》讲述群众身边的故事、谈论百姓关注的热点，开通直播热线与听众进行实时交流，及时收集受众的反馈。该栏目不仅曝光和反映问题，而且敦促有关部门及时解决相关问题，受到了用户的广泛欢迎，收听率较高。

2019年，利川市融媒体中心与今日头条达成合作协议，在抖音上举办了"利川DOU是好风光"抖音挑战赛。活动邀请专家对"龙船调""肉连响"两项国家级非物质文化遗产进行了首次融合改编，让用户在家拿着手机就能看到本土文化，并参与其中。"利川DOU是好风光"抖音挑战赛在短时间内，视频播放量突破3亿次、评论达37万次、分享达13万次。《利川新潮龙船调》抖音歌舞使用人数累计超过46.4万人，拍同款视频播放量超过4.3亿次，荣登抖音音乐9月"经典"榜单第一位。"利川DOU是好风光"的成功也是传统媒体与新媒体有机结合进行创新的典范。

利川市融媒体中心在人力资源、资金来源、活动空间等多方面受到制约的条件下，扬长避短，秉承着贴近性原则，凸显利川市的地域文化特色，打造属于本土的特色内容，提高了自身的核心竞争力，也树立了利川的优质城市形象。

第五章 省市县三级融媒共享联动生态建设的问题与挑战

媒体融合发展虽已走过十年历程，但在推动深度融合的道路上，仍然存在诸多局限。本课题组在调查中发现，虽然目前湖北省的部分地区已经建立起了省市县三级融媒体共享联动的平台和相关机制，也在定期举办联动性的报道、直播，以及其他活动，甚至在运营上也实现了联动，焕发了勃勃生机。然而，在共享联动生态的建设过程中也存在一些不容忽视的问题，主要包括从数字化融媒体中心深度改革推进困难等。

第一节 从数字化向数据化转型困难

数字化是媒体变革的重要推动力，随着我国社会信息化进程的推进，数字化已经成为各级融媒体中心建设的标配，构建智慧型媒体，打造智慧政务、智慧服务，推进经营产业数字化、数据产业化成为媒体转型的方向。然而随着数字化红利的基本结束，数据级的信息技术应用逐渐成为媒体发展的新增长点，也成为省市县三级融媒体共享联动云平台建设的重要内容。

在三级融媒体共享联动云平台中，大量新闻、政务、服务、商务、文化、直播等诸多方面的数据汇集到云平台上，实现了内外上下的贯通与共享，海量的数据得以支持融媒体中心发挥基层信息枢纽、社会服务中心与文明实践中心等重要职责。新的发展趋势决定了主流媒体要做好由数字化向数据化转型的准备，既要准备好满足多元化传播需求的数字技术，同时也要搭建好基于移动端的，依托数据进行精准分发的数据技术的支持。

融媒体数据中台的建设是省市县三级融媒体中心从数字化向数据化转型的关键。数据中台不仅满足各级媒体数据储存与汇聚的能力，而且支持一定的算法和算力，能同时实现数据的处理、分析以及精准分发。对于各级融媒体中心而言，在数据中台的支持下实现以主流价值导向为核心的"党媒算法"，使融媒体中心生产的内容能精准匹配到指定用户，让信息资源平台与需求方实现有效匹配，通过大数据的精准分析实现分布式生产，构建起关系网络，实现数据本地化、服务本地化[1]，成为媒体融合深度发展的方向。

然而，在调研中课题组发现，目前无论是作为省市县三级融媒体驱动基石的省级平台，还是中间环节的市级平台，甚至是作为基底的县级平台，都普遍缺乏以大数据为核心的算力，也缺乏大数据的相关存储与处理的技术与设备，数据技术已然成为不少主流媒体机构所短缺的资源。

在万物互联的网络化时代，"科学技术就是第一生产力"被赋予了更多的内涵。数据技术不仅被应用于机械化操作过程中，还体现在数字化时代的数据存储、运算、分发甚至远程服务能力上。在省市县三级融媒体共享联动云平台中，省级平台已然是实现技术创新、功能设计的基本载体[2]。因此，推动数据技术的革新与升级对于省市县三级融媒体共享联动云平台的研发及应用至关重要。

第二节 省级平台能力无法适应不断增长的基层媒体需求

习近平总书记指出："数字技术正以新理念、新业态、新模式全面融入人类经济、政治、文化、社会、生态文明建设各领域和全过程，给人类生产生活带来广泛而深刻的影响。"省市县三级融媒体联动云平台的建设也是如此，需要应用相配套的技术系统作为底层驱动力，打通技术壁垒，以保证融媒体数字化平台的高效发展。然而，课题组在调研中发现，省级平台在全媒体传播体系的纵向结构中发挥了重要枢纽作用，也是重要的技术输出平台，但随着基层融媒体建设的推进，基层媒体的需求日益多样化，而省级平台的资源与能力都比较有限，这就导致技术供给与需求之间矛盾的产生。

---

[1] 郭小容，赵轶. 广连接 深联结 超链接：湖北广播电视台的媒体融合探索[J]. 中国记者，2023（8）：34-36.

[2] 刘永坚，王子欣. 县级融媒体中心技术平台建设的模式及发展建议[J]. 传媒，2022（11）：32-35.

一、基层融媒日益增长的场景需求和文化需求无法被满足

省级平台作为省市县三级融媒体平台中的技术支撑和重要枢纽，对外它是联系全国性媒体与市县级融媒体中心的中介，对内它又是市县级融媒体中心的技术输出平台。然而，随着县级融媒体中心建设的推进和媒体融合的深度化，基层融媒体在媒介实践中开发出了许多新的应用场景，也产生了许多新的需求，这就对作为技术支撑的省级平台提出了新的功能诉求。但受制于资金、人员、技术研发能力等诸多限制，省级平台目前的技术更新较慢，软硬件设施都无法满足基层多样化的功能需求。

以直播带货、云平台数据监控等为代表的新技术，为基层融媒体中心的媒介实践带来了更多的场景支持与交互体验。例如，湖北省 Y 市 Y 区融媒体中心大力推行"云旅游"活动，反响热烈。为满足人民的精神文化需求，Y 区融媒体中心上线了"直播＋旅游"模式的大型山水实景直播，全网阅读量达 1.5 亿人次，开创了全省"融媒体＋旅游""融媒体＋景区"的先河，为奋力推动经济和旅游业发展提供了强劲的融媒动力，引得全省纷纷学习效仿。以此观之，Y 区融媒体中心的成功除了敢为人先的行动力，其最基本的底层逻辑仍然是技术更新，即直播平台为 Y 区提供了展示自我的技术手段，让自然文化资源得以化身为数字文化资源，受众面更广，知名度更高，成为湖北省三级融媒体联动发展的成功范例之一。这些成功的尝试也让该融媒体中心对文旅融合场景的技术支撑提出了更高的要求，然而目前省级平台在这一领域的技术开发还十分有限，技术更新未能跟上基层日益增加的场景需求和文化需求，硬件设施也成为掣肘融媒体发展的短板之一。

此外，5G 技术已经趋于成熟，网络技术与现实生活的互联拥有了更多的可能，如 VR、AR、大数据等新科技开始投入媒体行业。湖北省市县三级融媒体联动云平台作为融媒体中心的"超级大脑"，应当紧跟时代潮流，加快技术产品的迭代升级。其中湖北省 Y 区融媒体中心就在其"云上系列"APP 上搭建平台，开设政务、生活、便民、旅游、缴费 5 大板块 102

小项服务以及"田野上""智慧农业"等信息服务平台,深化了"媒体+新闻+政务+服务+商务"的新模式。

二、各级平台间仍然存在诸多壁垒

融媒体作品的表现形式多种多样,包括文字、图片、音视频、动画等,然而目前同一个作品在不同平台上并不能完全互通互联,这成为对外宣传路径上的绊脚石。以湖北省为例,其云平台建设的初衷是实现"一次采集,多次生成",但目前也只是实现了网站间的打通,其余平台之间暂时仍然存在壁垒,并没有完全打通。虽然在制作过程中耗费了人力和物力以及其他资源,但在内容分发的过程中,相关资源并没能完全共享。尤其是融媒体在对接微博、微信视频号、抖音号和小程序等诸多平台时,网络接口无法互通,每一次再传播都必须经历一次格式转换,时间成本增加,传播效果也会随之打折扣。

(一)编辑格式无法通用,平台对接并非完全智能

在目前的采编环境中,编辑需要将制作好的作品分发到不同的平台,然而由于程序设置等原因,在平台转换过程中,作品的格式和排版会发生一定程度的变化,因此,编辑只能在再次对图片尺寸、音视频格式等进行调整转换之后,才能正常发布,这给后期制作人员带来了额外的压力。关于这一点作为基层编辑人员的访谈对象 Y7 就多次提到①。而 L 县的融媒体中心系统目前也存在类似的问题,该系统在图片编辑、视频和文字格式的转换方面存在一定出入,必须借助第三方平台进行编辑才能发布,所有平台必须经过手工添加、重新编辑等后期操作②。由此可见,融媒体平台及系统在格式兼容等技术问题上还需要进行优化,不断完善以满足分发平台多样化、产品形态多元化的现实需求。

---

① 参见 2023 年 7 月 18 日对访谈对象 Y7 的访谈。
② 参见 2023 年 6 月 14 日对访谈对象 L3 的访谈。

(二) 客户端和小程序未能兼容

随着互联网技术的发展，在信息服务方面，"客户端—服务器"模型便成为计算机领域的主流。进入21世纪，信息传输技术更新换代，网络传输速度随之加快。智能手机、平板电脑等轻量化媒介形态开始"飞入寻常百姓家"之后，终端形态更加多元。

目前，移动客户端应用程序因其响应快、便捷化、交互强、个性化等特点逐渐成为主流。诸如微信、微博等社交类客户端应用占据了信息交互的主流市场。新闻客户端虽然依托移动终端生存，但是相比其他传统媒体，其新闻在传播过程中出现了一个新的特点，即通过数据监测，根据用户兴趣定向推送①。所以近年来，湖北省市县三级融媒体中心也根据自身特色和用户需求，纷纷搭建了自主的客户端应用软件，体量更轻、速度更快，实现了更高效、更灵活的工作方式与个性化需求。

小程序最先是由微信平台于2017年推出的，是依托微信平台的轻量级应用程序，可以在移动端内运行，无须下载安装。相比于传统客户端应用，小程序更为快速便捷，一经推出，就引发用户的热烈反响。目前包括腾讯、阿里巴巴、百度在内的各大互联网巨头均已加入小程序的开发应用中来，功能也涵盖到娱乐、社交、政务等多个领域。对于小程序使用者来说，小程序的使用流程极其简化，它无须下载、安装或更新，在微信等普适度较高的社交平台上只需搜索就能接入，较大程度上实现了应用的"触手可及"②。基于上述原因，各级融媒体中心作为信息传输的先行者也加入到小程序的探索开发及应用推广的队伍之中。未来小程序将继续发展壮大，成为移动信息传输与服务领域的重要一环。

从功能来看，小程序同移动客户端可谓"同源异体"，都是信息服务、数据处理与发展的主流趋势。为了进一步提高用户的体验感，一些客户端与小程序之间开始通过网络链接、分享功能、授权登录等方式实现互联互

---

① 毛洁. 新时代背景下新闻客户端的发展方向 [J]. 新闻研究导刊, 2019, 10 (19): 254.
② 宫承波, 孙宇. 依托小程序的媒体融合路径探索 [J]. 当代传播, 2019 (2): 44-47.

通。例如，百度网盘以链接的方式，支持从微信小程序跳转至移动客户端，两者之间也可以实现数据互通、信息分享等功能，提升了用户的便利性。然而，目前在省市县三级融媒体平台中，小程序与客户端之间还不能实现流畅的跳转，这也给基层工作者带来了一定的困惑。例如，访谈对象 Y7 和 Z1 都反映，到底是用小程序还是用客户端已经给他们的日常工作带来了一定的困扰①。

由此可见，构建省市县三级融媒体共享联动生态，必须首先实现作为数据无限交互的服务端口，而实现移动客户端与小程序之间的互通互联也势在必行。综合来看，在省市县三级融媒体共享联动生态建设下沉的过程中，客户端与小程序之间仍然存在壁垒，这也继发导致了一些其他问题：

1. 使用便捷性水平降低

依托微信客户端的小程序具有轻量化、即时性等特点，而省市县融媒体云平台客户端作为地域性较强的应用程序，其用户保有量有限，日常使用的频次和机会并不多。如果不能够打通两者之间的壁垒，就会造成使用者在不同客户端之间来回切换，造成时间与空间的严重损耗，使便捷性这一使用优势大打折扣。

2. 数据交互性水平降低

客户端和小程序虽是同源异体，但若两个系统不能互联互通，就会造成数据的重复或者遗漏，引起技术数据统计的混乱。例如，Z 县融媒体中心云平台上线的 APP 就存在这一问题。其客户端和小程序之间不相兼容，客户端可以跳转小程序但反向操作则不能进行。此外，在两个系统之间，用户的数据也无法贯通，导致资源分散，传播效果不佳②。

3. 运维成本增加

客户端和小程序在分离的情况下，需要同时管理运营两个系统，会加

---

① 参见 2023 年 7 月 18 日对访谈对象 Y7 的访谈和 2023 年 7 月 18 日对访谈对象 Z1 的访谈。
② 参见 2023 年 7 月 18 日对访谈对象 Z1 的访谈。

大人工和物力投入成本，在广告投放上也会造成障碍。针对一系列问题，Z县融媒体中心工作人员Z1谈道："目前（客户端）可以跳转到小程序，但小程序不能跳转至客户端。所以说我们现在也很纠结，到底是往小程序上走还是在客户端上运行。另外，当前长江云平台更新迭代的速度难以跟上基层发展的实际需求，目前最大的痛点在于技术并未完全老旧，但面临基层需求变多且跟不上主流需求的技术壁垒困境。"[1]

三、省级平台的单一场景搭建不能满足基层需求

"场景"这一概念源自古希腊戏剧的舞台背景，意指对环境和情景的描述。传统意义上的场景是对空间的描绘，但随着信息技术的发展，这一概念衍生为更加多元化、意象化的综合体。例如，跨媒体场景即是指人们在不同媒体之间的切换和融合，强调不同媒体形式之间的整合和协同。随着跨设备、跨屏幕用户识别和追踪技术的成熟，跨场景和全场景营销将成为可能。此外，随着大数据技术与场景化的进一步融合，不同场景和应用的数据将被进一步打通。未来，由于高互动性与高时效性，移动端的数字营销会越来越受到重视，场景营销也会进一步发挥其效能[2]。

在省市县三级融媒体共享联动生态的建设过程中，场景的搭建关乎平台的生命力与吸引力，能否建立多元融合的场景成为了留住用户的关键。例如，湖北省Z县融媒体平台扎根基层，借助融媒的力量，抢抓数字乡村建设机遇，为部门和群众提供了"一站式智能化、综合性互联网服务端口"。他们自主开发了"智慧厕改""健康监测""人才驿站""幸福村落""幸福社区""大思政""屈子学堂""三美同建"等50项场景应用。同时，云上系列APP将教育"搬"上了互联网，打造"线上课堂"，开通农技微课帮助村民更深入地了解农业知识。以上场景的成功搭建，极大便利和丰富了当地人民的日常生活，有力推进了数字化乡村建设，值得全省借

---

[1] 参见2023年7月18日对访谈对象Z1的访谈。
[2] 张一麟. 场景营销在品牌传播活动中的运用策略分析[J]. 新媒体研究，2020，6（4）：66-68.

鉴思考。

目前省级平台已搭建的场景仍然较为单一，在某些更为偏远的地区甚至无法发挥实际作用，也不能做到更加多元、立体地展示，某些功能如参与共建、社交娱乐等场景未能切实落地。在推进场景化建设的进程中阻力较大，推行困难，使用效率也不容乐观。例如，Z县融媒体中心在推广场景化应用的途中，企业应用和平台场景建设不对称，往往存在场景落地，但企业消失的情况，场景也变成了一个"不冒烟的烟囱"。Z县融媒体中心工作人员Z1指出："现在这些场景建设，很多东西都是我们自己找单位，我们给单位建个场景，但是单位推行的时候，又感觉推行难度比较大，要每个人去身体力行。此外目前最大的问题仍然是某些针对性场景建设跟不上，一些技术也跟不上。"① 所以，场景化的短缺对阻碍三级融媒体联动云平台的建设发展无疑是巨大的。

从平台用户体验来看，场景化的缺失不便于用户的日常活动。基层的事务与人员基数是相当庞大的，如果没有一个完备的数字体系将会耗费大量的人力物力，这样就会削弱融媒体联动云平台的实际效用。例如，为了弥补省级、市级的融媒体平台缺少个性化、多元化日常应用的缺憾，Z县融媒体中心开发了一些新的应用，如"智慧泊车"系统。"智慧停车仅需办理一张卡，支持车主VR全景即360度全景指挥，系统覆盖辖区每个村，三年更新一次，非常方便"②。但问题是，这样方便快捷的应用和服务目前仅限于在Z县辖区范围内，其他地方并不能使用，而且省市县三级融媒体云平台也不支持此类应用，这对用户的使用体验有一定影响。

从媒体长远发展来看，场景化代表着功能化，多样的场景能够满足更多的基层需求，就能吸引大量的用户持续使用，增加用户黏性。以Z县云平台为例，日活量数据显示为3000＋，但是距离国家10000＋的标准还远

---

① 参见2023年7月18日对访谈对象Z1的访谈。
② 同①.

远不够，侧面反映了用户的黏性不高，这不利于媒体平台的长期建设发展①。

四、缺乏可拓展型公共服务功能板块和平台

可拓展型公共服务平台是基于数字化信息平台，旨在提供各种公共服务，将日常生活中的业务通过互联网转接至线上，以此达到便捷化、一站式的目的。此外，优质的可拓展型平台可以整合多个部门资源，诸如党政、医疗、教育等，在最大限度上实现公共服务一体化。尤其是在移动互联时代，平台是一种网络中介，它依靠强大的网络技术将各类生产者和庞大的用户群连接起来，并为其提供价值互动和交换的空间，这个空间是开放的、多边的、交互的，是以共享共创为特征的。因此，省市县三级融媒体联动云平台作为一个聚合型媒体平台应当配备相关的公共服务板块，以达到实现平台化经营的长远目标。

湖北省地域辽阔，人口众多，因此省市县三级融媒体共享联动云平台在建设过程中，对于公共服务能力的要求较高。包括政务、医疗、民生等问题都需要介入可拓展型的服务平台进行宏观调控。但湖北省目前大多数媒体平台并无完备的服务体系，这成为推动发展中的一大障碍，也给基层融媒造成了许多困扰。

对于平台服务而言，最突出的问题就是服务功能受限。缺乏可拓展型的功能板块，就无法提供多样化、全面化的服务，也无法满足用户更多的需求，这也会增加用户的操作步骤与使用成本，降低媒体使用便利性和使用体验感。在调查中 A 市的部分群众就反映由于该市融媒体的客户端、公众号等产品的服务类型相对单一、缺乏创新，因此很少使用②。反观当下最受用户欢迎的短视频平台——抖音，从最初单一的视频功能不断增加功能板块，现在已经可以支持除短视频外的"抖音商城""同城社交""直

---

① 参见 2023 年 7 月 18 日对访谈对象 Z1 的访谈。
② 参见 2023 年 4 月 14 日对访谈对象 A1、A4 的访谈。

播带货"等多种功能,让用户在一个平台上就能完成"吃喝玩乐购"多种需求。此外它还联合了微信、微博、QQ等多个端口,支持软件跳转、视频分享,极大丰富了用户体验。对比目前的省市县三级融媒体云平台,由于在设置上缺少可拓展性的功能板块,这让用户的使用体验大打折扣。当然,抖音等商业平台的发展思路也给省市县三级融媒体共享联动云平台的建设提供了一个可借鉴的思路。

对于媒体机构而言,缺乏必要的公共服务平台将不利于媒体的数据共享,造成效率低下和重复投入。省市县三级融媒体共享联动云平台属于一个大范围的内容集成平台,最大的作用就是数据收集与共享,以期不断优化媒体产业升级,做到精准投放。可拓展型服务平台的优势就在于其贴近用户生活,建立用户数据库,再调整自身功能,更好地服务人民,以此形成良性的循环系统。如若缺少该类型平台,则难以实现数据搜集与共享,而不同部门间工作压力较大,也限制了信息流通和资源共享,也有可能导致不同部门独立开发专属系统,造成重复投入,降低工作效率。例如,A市融媒体中心在建设过程中不仅存在不同形态的业务整合不够彻底、上下级媒体间的联动意识不强、产品形式单一等问题,而且平台在设计中缺少可拓展的公共服务功能,导致用户评价不高、使用意愿不强[①]。反之,将可拓展的公共服务功能集纳进融媒体平台,能在提高平台使用率的同时更好地服务用户。也是"融媒体+公共服务"的典型范例之一,值得借鉴思考。Z县数字化乡村一体化平台打通技术壁垒,运用物联网技术,将农村产品大棚的温度、湿度、含氧量等数据通过传感器进行测算,发送至用户的手机端口,不用农民下地即可了解作物生长信息,极大地提高了农户工作的科学性与便捷性。此外,Z县融媒平台还利用该系统嵌入新闻信息,在农村内安装广播喇叭,随时播送相关新闻,让那些不会使用智能手机的老人也能享受到信息服务[②]。

---

① 参见2023年7月19日对访谈对象Z1的访谈。
② 参见2023年4月14日对访谈对象A1、A4的访谈。

此外，在经济发展方面，缺乏可拓展型技术平台也会一定程度上限制商业模式的开发，导致经济收入下滑，降低了融媒体的商业模式和盈利能力。A市融媒体中心由于平台建设相对滞后，缺乏可拓展型技术平台，也未打造出特色鲜明的产品和服务，商业模式不太清晰，导致盈利能力十分有限。反观Z县融媒中心由于提供了多元化、个性化的服务，盈利能力较强。在此值得一提的是Z县融媒中心开展的"橙子王"评选活动，将"新闻+商业"结合在一起，起到了良好的示范作用。"脐橙"是Z县的特产之一，也是目前Z县推出的一块农业"金字招牌"。Z县融媒"橙子王"评选活动将媒体平台与"橙子"联系在一起，依据甜度、水分、色泽等因素进行投票打分，促活了各乡镇的脐橙产业活力和经济发展，反响热烈[①]。

总体而言，当前湖北省全域范围内已经陆续开设可拓展型公共服务功能板块，并取得一定成绩，但整体情况参差不齐，全域范围内未能建立起全效、完备的公共服务体系，平台搭建亟待加强。

第三节 管理体制难以适应多样化的发展形势

一、主体管理：多头管理导致基层工作负担翻倍

目前，各县级融媒体中心的建设都处于寻找适合自身发展道路的探索阶段。要建设好县级融媒体中心，推动省市县三级融媒共享联动的良性发展，离不开管理主体的监督指导和调整布局。从深层来看，上级部门作为管理机制的创立者在市、县融媒体的布局和日常工作的调度中发挥着根源性的作用。而从微观来看，各个层级之间的互联互通也是部门之间合作进行多元化内容生产的基础条件。

不同地域的融媒体中心有着不同的管理模式。在走访调查中课题组发现，C市、Y区、Z县、L市等多个县级融媒体中心都是由市委或县委直

---

① 参见2023年7月18日对访谈对象Z2的访谈。

属，由市委或县委宣传部直接领导，加挂县市广播电视台的牌子。县级融媒中心由县委宣传部领导，一方面是坚持党管媒体，坚持党对新闻事业和思想舆论的引领等功能在县级融媒体领域的落实，能提高主流媒体对舆论的引导能力，也能强化主流舆论阵地建设。另一方面能够借助政府力量整合资源，发挥沟通枢纽作用。

C市、Y区、Z县、L市等地的县级融媒体中心目前所使用的系统都集成了两大内容：采编平台和内容发布平台。其中，融媒体采编平台大都使用了湖北广电长江云的技术平台，软硬件资源及日常技术保障由长江云负责。而内容发布平台则需要对接省市县三级融媒体中心，其中省级融媒体中心包含湖北广电长江云和湖北日报融媒体中心两大机构。长江云作为省级融媒体平台，不仅是地市州县等多级融媒体中心在日常运作中的技术提供者和资源支持者，而且是地市州县等多级融媒体日常发布活动的管理主体之一。同时，C市、Y区、Z县、L市等地的县级融媒体中心的另一管理主体是湖北日报新媒体中心。近年来，随着湖北日报融媒体中心加速推进媒体融合布局，要求各个县级融媒体中心在湖北日报融媒体客户端上打造自己的频道，并不断创新业务形式、拓宽经营渠道。所以，各地县级融媒体中心的日常工作对接不仅包括长江云平台这个管理主体，同时还要接受湖北日报新媒体中心等其他管理主体的管理。此外，作为县级融媒体中心的C市、Y区、Z县、L市等地还要接受当地所属市级融媒体中心的管理，作为辖区所属县级和区级媒体机构，也要承担新闻内容采编、活动主办及承办以及共建的任务。

县级融媒体中心的三级管理模式虽然是推动各地融媒体中心发展的重要动力，但这种管理模式也存在许多制约。由于省一级的对接与管理主体比较多，如长江云、湖北日报、荆楚网、极目新闻等，这就带来了工作负担的加倍。当多个上级部门都提出不同的工作任务目标与要求，且这些工作不能相互兼容时，基层的压力就会倍增。而当相同工作出现时，又会导致工作内容的重复。同一主题的内容要根据不同管理主体的要求做不同的版本、管理流程烦琐、工作效率变低，这些都增加了基层工作人员的工作压力。对于这个问题，在调研中 C 市、Y 区、Z 县、L 市等多地县级融媒体中心均有反馈。

省市县三级融媒体中心共享联动云平台的建设需要实现内容共享、资源共享、互联互通，但显然多头管理的体制与共融互通的目标之间是有矛盾的。"现在就有一个问题，湖北日报也好，省台也好，我们感觉自己充当了一个供稿的工具。"① 在访谈中，Z 县工作人员的这段话把自己比喻为供稿人，形象地描绘了当前县级融媒体和上级管理主体之间的关系。

县级融媒体提供的优质内容资源由省级媒体予以整合，可以提高传播效率，但也隐含着省市县三级融媒体内部管理线交叉不明晰的隐患。访谈对象 Y3 将这种现象形象地描述为"上面千条线下面一根针"②，这也是对其日常工作情况的真实写照。有的时候，同一主题的稿件和视频在发布时可能面临多个审核要求，而这些要求全都要靠基层媒体来落实。

在调查中本课题组还发现，同一个地区之内各县级融媒体之间也会存在互相比较的情况，这就造成了内卷。各县级融媒体中心之间的关系可以概括为：既要合力打造传播矩阵、处理县域融媒间资源整合的融合关系，又要根据市场运作规律，确保自身的生存和发展，相互之间暗自较量，不断对比数据与流量，形成"竞争对手"的关系。这种被数据比赛的现状，无形之中也增加了基层媒体人的压力。如何在有限的受众群体中获取最大数量的点、赞、评，成为基层媒体人的工作难题，工作重心也会因为上级指令发生偏移。县级融媒工作者不仅要根据上级要求完成工作，还要与同级媒体展开激烈竞争，这都导致县级融媒陷入发展瓶颈。

管理主体不仅要加强导向管理，特别是为地市州县级融媒体中心的建设发展指明方向，引导地市州县级融媒体中心积极对接主流舆论阵地，牢牢把握正确的政治方向；还要强化业务指导，在资源和技术保障上向县级融媒体倾斜，保证软硬件设施的充足；更要做好协调工作，不仅是各管理

---

① 参见 2023 年 7 月 18 日对访谈对象 Z1 的访谈。
② 参见 2023 年 7 月 18 日对访谈对象 Y1 的访谈。

主体之间统筹协调工作任务的发布和目标的制定，还要协调县域内媒体之间恰当的关系，为本省新闻业的发展创造更大的推动力。

二、内容管理：投稿机制繁杂，无法实现分发渠道的"精准对接"

目前在内容制作方面，省市县各级融媒体平台都以"一次采集、统一策划、平台生产、多媒体呈现、多渠道发布"为目标。因此，内容与渠道的交互融合就成为提升融媒体中心传播能力的关键。

在内容生产方面，各级融媒体中心都坚持党媒姓党、打造主流舆论阵地的做法。在调研中，我们发现 S 市融媒体中心、C 市融媒体中心、Y 区融媒体中心、Z 县融媒体中心、L 市融媒体中心等多家机构都在"确保方向不偏，焦点不散"的前提下进行内容创作，这些融媒体中心相继推出过以党的二十大精神、两会报道等为主题的专栏节目，不断传递党的好声音，凝聚发展正能量。尤其是 Y 区融媒体中心坚持做实内容服务群众，而"上群众喜欢的菜"是他们在工作中秉持的信条。他们还在本地系列 APP 的主页和首屏位置开设专题专栏，对中央重大决策部署和习近平总书记重要讲话第一时间进行置顶和推送，保证党的声音永远占据中心位置。此外，该融媒体中心还不断拓宽、拓展"新闻+商务""新闻+服务""新闻+政务"的服务类型，在内容生产方面做到了满足基层和群众多样化需求、拓宽业务融合渠道，提供生活信息服务，更好满足人民对美好生活的需要。

然而，应对全媒体的变革，既要解决内容生产问题，也要解决内容发布及渠道管理问题。在调查中，不少基层工作者都认为，目前省市县三级融媒体共享联动云平台的投稿机制和用稿要求都太复杂，"虽然我们很有热情加入省市县三级融媒体中心共享联动云平台生态圈，但目前平台的投稿渠道繁杂，无法做到通过系统有效直推稿件。对外进行共享及联动的实际效果也还达不到理想水平。"① 县级媒体中心的工作人员还指出，他们所

---

① 参见 2023 年 7 月 18 日对访谈对象 Y7 的访谈。

使用的长江云融媒体平台的投稿机制存在不能"精准对接"的问题。例如，在日常工作中同一个稿件还可能会被不同的渠道使用，首先这样会造成内容重复的情况，失去了新闻稿件写作的精专原则，其次这样做也导致受众在多个渠道上看到同一篇稿件，内容同质化、复制化现象严重，面对流水线式的内容生产模式和实践操作方式，用户也容易产生抵触心理。

省市县三级共享联动云平台建立的初衷之一就是实现多级媒体之间的数据共享、信息互通，提高工作效率。然而目前云平台尚未建立"作者－用稿单位"之间的直接连线渠道，导致来自用稿单位的反馈意见需要经过层层传递才能到达作者那里，这就造成反馈意见到达后留给作者的修改时间十分有限，这给他们带来了不小的压力。由于缺乏及时有效的沟通与反馈渠道，基层融媒体中心与上级媒体平台之间无法做到直接对接，不仅会出现效率低、影响内容产品的制作、分发和传播，还会加大基层工作人员的工作压力。不少县级融媒体中心都表示希望省级平台能够解决投稿渠道繁杂、不能通过系统直通稿件的问题，同时这也是在与省台联动中存在的主要问题。他们期望打造一个系统可以支持省市县三级各平台的内容编辑审核和发布，打通各级系统壁垒[①]。

综合来看，共享机制缺乏、基层媒体工作者缺乏有效沟通渠道等都是当前省市县三级融媒体共享联动生态建设中急需解决的问题。省级云平台的搭建不能仅作为信息的交互平台，还要注重平台整体性和系统性的提升，联动整个云平台的投稿机制，完善管理端。

三、绩效管理：奖评与激励机制不合理，影响基层工作积极性

融媒体中心建立起良性运作的绩效考评体系，是创新内部管理机制的重要举措，也是实现深度融合发展的核心之举。中央全面深化改革委员会发布的《关于加强县级融媒体中心建设的意见》就明确提出，组建县级融媒体中心有利于整合县级媒体资源、巩固壮大主流思想舆论。要深化机

---

① 参见2023年7月18日对访谈对象Y5的访谈。

构、人事、财政、薪酬等方面的改革，调整优化媒体布局，推进融合发展，不断提高县级媒体传播力、引导力、影响力。要坚持管建同步、管建并举，坚持正确的政治方向、舆论导向、价值取向，坚守社会责任，把社会效益放在首位①。

融媒体中心制定科学合理的绩效评定制度，不仅可以激励员工的工作积极性和创新性，通过合理的薪酬留住人才，同时也涉及融媒体中心如何通过内部管理实现创新的问题，关乎基层媒体工作人员是否有为融媒中心继续服务的意愿。

在调研中我们发现，目前融媒体中心的绩效管理可以分为省级考核与内部考核两种类型，每种类型的考核都存在一些不容忽视的问题，主要表现如下：

（一）省级融媒统一考核标准单一，导致下级融媒不断"内卷"

省级融媒体中心作为管理主体，对辖区内所属地市州级、区县级融媒体中心的成果进行绩效考评，这是一种典型的纵向管理与考核模式。然而，当前由于考核标准过于单一、不够全面，不仅导致下级融媒体中心的某些成绩被忽视，而且也造成下级融媒之间的不断"内卷"。

以 Z 县为例，虽然该县融媒体中心在"新闻 + 商务"方面做出了许多创新性探索，也解决了县级融媒体中心建设资金不充足的问题，但是这些成绩并未被纳入上级融媒的考核指标体系。访谈人员 Z1 提出，当前面临的问题就是，上级管理主体的评估标准不够全面，过于单一，"有些领导只看形式不看流量，有些领导只看流量不看形式，这给我们带来了很大的压力"②。

评估模式和考核指标的单一，也会导致县与县融媒体中心之间的不健康"内卷"。Y 区融媒体中心的工作人员 Y2 就多次提道"各区县融媒体中心之间经常会相互比较，今天你做出了某个创新内容，明天就会被别人学

---

① 喻文举. 县级融媒体中心绩效考核改革与创新策略探析 [J]. 传媒论坛，2021，4 (15)：42 – 43.

② 参见 2023 年 7 月 18 日对访谈对象 Z1 的访谈。

去，然而创新哪是那么容易的。每个月各融媒体中心的排名都是一种压力，现在越来越'卷'，谁也不知道下个月自己会不会变成最后一名"[①]。

另一个潜藏的问题是，当管理主体对某一形式的内容产品比较满意时，就会引导辖区内的各区县级融媒体中心都来模仿这种形式进行内容生产与创作，但这又会造成内容的同质化。此外，也有一些深受民众喜爱的爆款产品，却因为与上级管理主体理想中的表现形式不相符而通不过绩效考核。当然，也不能把流量作为唯一的考核标准，因为这会导致"唯流量论"，在这种情形下，融媒体中心会被困在有限的流量池内，造成坏循环的产生，从而陷入了"流量陷阱"。

在绩效考核方面，省级管理主体应设立多个维度指标作为绩效考评的标准，根据每个区县存在的不同发展情况，分别评判，防止"一刀切"的评估方式。在考核标准制定时，应以保证县级融媒体中心的可持续发展为主，并将之和工作人员的职业发展相结合，确保组织的运营稳定。

（二）部分县融内部考核体系不科学、不合理

县级融媒体中心的内部绩效考评，直接关系到媒体工作人员的薪酬待遇。目前，在绩效管理方面不少县级融媒体中心都实行多劳多得的办法。部分融媒体中心会规定每个员工必须完成的绩效总量，然后再根据员工的工作表现、工作岗位的责任和贡献大小等因素分配绩效工资。这种考核模式充分体现出多劳多得、奖优罚劣、奖勤罚懒的分配原则，能极大调动一线采编人员的工作积极性。然而，在调查中也有不少工作人员反映内部考核体系不科学、不合理。

恰当的激励机制固然能激发员工的创新性和主动性，但是不恰当的奖评机制也会致使基层媒体人员的工作积极性大打折扣。事实上，在使用共享联动云平台的过程中，联动越频繁，发稿越多，出现差错的概率就越大。由于基层员工业务水平参差不齐，而各种各样的排名机制又加剧了基层融媒体之间以及融媒体内部工作人员之间的各种比拼，从而导致越来越

[①] 参见2023年7月18日对访谈对象Y2的访谈。

内卷，这对于基层工作人员的积极性有重大影响。各种各样排名机制的设立，也需要遵从科学性和公正性的原则，需要加以优化，排名只能作为参考，不能作为评价信息产品优劣的唯一指标①。

县级融媒体中心在对员工进行考核时，还需要重视员工的反馈与沟通。例如，Y区工作人员就希望管理者"既要严管，又要容错"，只有容错与纠错并举，才能培养一支有能力的人才队伍。融媒中心要根据不同部门的实际情况，制定科学合理的绩效考评体系，在激励员工创新的同时起到储备人才的效果。

第四节　基层融媒资源稀缺发展动力不足

资源的普遍缺乏是目前县级融媒体中心在建设过程中面临的一大问题。

一、电视频道资源"空心化"

传统广播电视媒体与新媒体融合发展是大势所趋，也是广播电视媒体革新图存、赢得未来的必由之路。与传统广播电视媒体相比，社交媒体、短视频等新媒体平台善于运用数字化技术，互动性、便捷性、趣味性都更强，对于用户更有吸引力。而省市县三级融媒体中心共享联动生态的形成，有助于各级融媒体中心形成传播合力，共同应对来自新媒体的挑战。在调查中我们发现，C市、Y区、Z县、L县等各地融媒体中心都整合了县委宣传部、县广播电视台、县级报纸等公共媒体资源和职责，经营范围都包括区县全域广播电视事业及短视频业务。

然而，随着媒体和传播环境的变化，县级电视频道多而不精、同质化运营、生产能力低下的问题逐渐暴露，对于县级融媒体中心而言已经不属于优势资产。目前，县级电视频道处于收视缩减但运营组织不变的尴尬境

---

① 参见2023年7月18日对访谈对象Y5的访谈。

地，可以说是内外交困。一方面，电视频道难以负担高昂的节目版权采购费用，从而缺少优质的引进内容；另一方面，县级融媒体有限的人才和资金资源都集中到了新媒体部门，缺少精英能手。高昂的人力和技术成本，稀缺的媒体资源，这都给县级电视频道自身的运营带来巨大压力。此外，县级媒体的受众群体普遍呈现出老龄化的特点，尤其是县级电视台。由于传播方式是单向的，缺少沟通和交流的机会，这让年轻人对电视台逐渐失去兴趣。年轻人更习惯于通过更加便捷的方式获取信息，他们纷纷投入社交媒体和短视频的怀抱，这种情况又进一步加剧了县级媒体受众年龄结构老龄化的问题。

在访谈中，访谈对象 Z1 说道："我觉得最大的一个痛点还是在电视频道上，因为我们现在没有资源，大量的人员都在新媒体平台，广播电视开始空心化发展。"[1] 受众对新媒介的接触和使用往往是以减少对传统媒体的接触和使用为代价的，新媒体对县级媒体的发展造成很大的影响，导致县级媒体的影响力越来越弱。随着受众的不断流失，广告营收不断减少，"没有经济效益，没有用户，没人来做广告"，Z2 说。[2] 该县的电视频道发展陷入一个怪圈：没有人看节目，没有广告主的投放，没有营收来源，但县级电视频道还必须要生产，必须要传播。

自身媒体资源不足、生产能力低下也成为 Z 县广播电视频道发展的最大痛点。为了满足每天的播出任务，即在本地的电视频道需要完成 20 个小时的播放时长，播放本土的文艺活动就成为最好的选择。Z1 在谈到如何改变这种缺乏资源的现状时表示："我们为什么搞活动？我们每天搞个两三个小时的活动，就会在电视上提供两三个小时的文艺节目。""播了天气预报、我们自己的农业节目、自己的新闻，其他的没有资源，我觉得这个是要从顶层设计开始考虑的。"[3]

缺乏从顶层设计上对县级电视频道的统筹规划和精准定位，这也是县

---

[1] 参见 2023 年 7 月 18 日对访谈对象 Z1 的访谈。
[2] 参见 2023 年 7 月 18 日对访谈对象 Z2 的访谈。
[3] 参见 2023 年 7 月 18 日对访谈对象 Z1 的访谈。

级媒体陷入发展困境的一个原因。对于管理者而言，应以深度融合的思维来引领县级融媒体中心的发展，需要从顶层设计和媒介资源配置出发，推动广播电视与新媒体融合发展，按照一体化的发展思路，促进电视频道和媒体网站、移动客户端以及其他新兴媒体资源的有机融合。在县级融媒体中心的建设过程中，需要推动传统电视频道与新兴媒体形式的融合，这就需要培养媒体从业者的融媒体思维。两者融合不是简单的"1+1"，而是机制设置、流程策划、技术平台、资源服务等多个维度的全面融合。针对县级电视频道资源的困境，应加快频道资源的供给侧改革，在原有节目的基础上，积极开发融入地域特色、服务于民生的内容产品，有针对性地进行内容生产。

二、薪酬待遇限制人才储备

对于各级融媒体中心而言，要紧紧抓住"人"这个关键要素才能在激烈的竞争中站稳脚跟。对于党的新闻事业来说，培养人才、建强队伍是一项关键性工作。

对于各级融媒体中心的建设而言，人才队伍的建设是其中的关键。尤其是在"一次采集、多元生成、多种渠道、多次发布"的运行机制之下，融媒体中心对工作人员业务能力的要求也在不断提高。

然而，课题组在调研中发现，各级融媒体中心均面临复合型、创新型人才储备不足，优秀人才不断流失的问题。随着媒体深度融合的发展，现有的技术系统已无法满足最新行业需求，急需进行技术升级，但技术的升级和各种智能终端建设等都需要大量的人才资源投入。事实上，各级融媒体中心真正缺少的是那些精通融媒体业务，能完成全媒体采编与运营等业务的高端人才。

目前，各级融媒体中心在人才队伍建设方面主要存在以下问题：

（一）年龄结构趋于老化

媒体从业者的年龄结构趋于老化，这是当前市级、县级融媒体中心面临的首要问题。在员工的年龄结构方面，Y区融媒体中心表示，他们中心的员工平均年龄在40~50岁，而Z县融媒中心员工的平均年龄则为30岁。相比于Y区，Z县的员工更为年轻有创造力，Y区出现年龄结构偏大的问题。

（二）缺少技能型人才

对于融媒体中心而言，一部分年长的从业者正在经历着被动适应从传统媒体到新媒体的变革压力。由于年龄及精力的限制，年长的媒体从业者普遍缺乏对新技术的了解和使用技能，他们在采制那些形式与结构打破常规、注重与用户互动的内容时，感觉到压力很大。此外，大部分县级融媒体中心都存在传统采编人员较多，挤占编制的情况。在编制有限、薪酬待遇跟不上的情况下，就会导致年轻的、综合素质高的全媒体人才"无编可入"。在调查中我们发现，大部分融媒体中心都急需引进一批既了解当地文化，又能把握市场运作规律的高级人才，但他们在人才招聘时很难碰到合适的人选。

（三）很难招聘到优秀人才

在调查中我们还发现，人才缺乏严重制约着基层融媒体中心的发展。目前基层融媒体中心不易招聘到优秀的专业人才，即使招募到优秀人才也很容易流失。其中，编制问题成为限制人才储备的一个原因。例如，Z县融媒体中心自2019年挂牌成立以来，从原来的核定编制58名，缩编了6名，现在为52名，编制名额的减少也在一定程度上削弱了该融媒体中心对于优秀人才的吸引力。

（四）薪酬收入普遍偏低

县级融媒体中心与省市级媒体中心相比，薪酬收入还是较低的，这不利于吸引高端人才的加入。并且由于地域的限制，很多年轻人会选择把县级融媒体中心当作自己更进一步的"跳板"，在条件成熟之后，便会选择离开去往更大的平台。此外，由于县级融媒体中心迟迟无法解决编制问题，这也导致了部分骨干人才的流失。人才队伍的不稳定也从侧面反映出县级融媒体中心在薪酬待遇方面不能吸引高精尖人才。

助力县级融媒体中心的人才建设，也是推动省市县三级融媒体共享联动生态建设的重要途径。打破传统的思维定式，重视高素质人才的引进和培养，才能更好地建设人才队伍。而通过实践基地的共创，培育一批潜在的优秀员工，打造一批具有专业精神和素养、具备融合思维的融媒体人才队伍，成为目前解决这一问题的有效途径。例如，S市作为市级融媒体中心就与多家高校共建了创新实践基地、媒体融合教学与研究基地、大数据传播与应急管理科研工作站，通过与高校新闻学院的共建，让高校新闻学子进一步了解和认识该融媒体中心，从而形成某种"向心力"，这在某种程度上也为该融媒体中心储备了一批优秀人才。对于基层融媒体中心而言，也可以通过加强与高校的交流合作，让高校的新闻学子进入媒体内部实习，从而为基层融媒体中心的建设与发展提供源源不断的生机与活力，为媒体深度融合发展提供人才支撑。

此外，在人才建设方面更为重要的是创新选人用人机制，特别是在晋升提拔机制上要破除年龄、资历等传统束缚，把晋升条件向一线媒体工作者倾斜，向优秀青年拔尖人才倾斜，形成能力业绩型人才提拔机制，激活全员干事创业工作氛围①。

三、建设资金以及投入经费有限

目前，县级融媒体中心在建设过程中依然存在资金匮乏的问题，并且在资源投入上，也与省市一级的媒体形成了量级上的落差，这极大地制约了县级融媒体中心的发展。在调查中课题组了解到，当前部分县级融媒体中心在实现自收自支的过程中，出现了资金严重短缺的情况。融媒体中心在建设过程中仍有很大的资金缺口：技术迭代升级要资金、留住人才要资金、业务的更新拓展也要资金。当前的现实是，离开了政府的投入县级融媒体中心无法获得足够的建设资金，同时加上部分地方政府对融媒体中心

---

① 方启雄. 县级融媒体中心高质量发展的经验启示及未来展望：来自河南的创新实践［J］. 中州学刊，2022（8）：168－172.

的认识不足，重视力度也不够，自然对融媒体建设的支持力度比较小，投入的建设资金有限，对资源的整合也不利。这些问题如果不能及时解决，将会严重制约县级融媒体中心的健康发展。技术支撑是媒体融合发展的基石，先进技术和服务的使用，是由大量的资金投入来实现的。缺乏资金支持，融合发展的关键技术就无从保障，也无法真正推进媒体的深度融合与发展，融媒体中心的建设也无法形成良性循环。

目前，几乎大部分基层融媒体中心都面临资金短缺的窘境。访谈对象Z1就表示，在全市辖区范围内，只有Z县融媒体中心是按照公益二类保障和管理的，并且经费保障力度远低于全市其他县、市、区。2019年，Z县融媒体中心在完成融媒体改革验收后，中心向上争取人力、物力、政策支持的力度有所减弱。面对媒体深度融合工作任务重、要求高的新形势，推动融媒体中心建设继续走在前列的任务和要求异常繁重。地方财政投入与支持的乏力，导致融媒体中心在后续的建设与发展上的投入无法跟上，目前急需上级政府和相关部门加大资金和培训等方面的支持力度。在访谈过程中Z1多次提到，初创时只有不到300万的启动基金，在人、财、物资源有限的情况下，Z县却在湖北省率先完成了融媒试点建设任务，完成了大楼建设20多年来水电管网等老旧设备的全面更新改造，还安排了100多万的资金支持帮扶村的发展。然而近几年，上级部门对Z县的投入和建设资金上的支持逐渐减少，限制了Z县融媒体中心建设工作[①]。目前，很多基层融媒体中心比较担心的状况是未来县级融媒体平台的维护与发展仍然需要大量的资金投入，而来自上级政府的财政支持还能持续多久却不得而知。

只有保障融媒体中心建设所需要的经费，才能让基层融媒体中心在日常运营及共享联动的过程中无后顾之忧，专心于内容的生产和传播。目前，在地方政府自身资金相对不足的情况下，加大对融媒体中心的投资力度显然不太现实。对于县级融媒体而言，重要的还是应该努力增加自身的

---

① 参见2023年7月18日对访谈对象Z1的访谈。

造血能力，创新体制机制、加快企业化改革管理的步伐①。

总之，推动基层融媒体中心建设不只是媒体的事，地方政府也应该发挥财政支持作用，给予必要的财政拨款，加大对媒体融合发展的支持力度，并支持基层融媒改革创新管理机制，配套落实政策措施。在融媒体中心建设进程中，上级管理部门要坚持把加强县级融媒体中心建设当作党的意识形态工作责任来贯彻落实。宣传、编制、财政等相关部门要协同配合，协调各方面资源，加大支持力度，建立完善的财政投入增长机制并加快有关产业政策的研究，重视运营保障，只有这样才能保障基层融媒体中心的建设与发展。

四、自主经营能力弱，造血能力不足

尽管部分融媒体中心尝试推进企业化运作，并通过开展多种经营等方式进行增收反哺，但造血能力弱依然是当前各级融媒体中心面临的主要问题之一。综合调研对象反馈，造血能力弱的主要问题集中在以下几个方面。

1. 当前经营存在体制瓶颈，融媒体中心从事业单位转制为企业化运营和自主经营的时间还比较短，自身盈利能力还较弱。当融媒体中心失去了公共资源和国家财政的有力支撑之后，激烈的行业内竞争和波云诡谲的市场又增加了融媒体中心运营的风险，融媒体中心的经营成本也相应增加了，这对于融媒体中心发展而言无异于雪上加霜。

2. 媒体行业技术更新快，新闻采编需要用到的一些专业化设备具有投入成本高、损耗大、更新快等特点，在经费投入力度减少，建设资金不足的情况下，技术与设备的更新换代较为滞后。目前大部分融媒体中心都反映在设备购置、更新升级、运行维护等方面存在较大资金缺口。Z1 就表示，目前该县融媒体中心主要的问题就是围绕融媒体中心保工资、保运转在做，无力投资，也没经营性资产，想要大的发展可谓是举步维艰②。

---

① 陈国权. 扶持体系下县级融媒体中心市场机制构建［J］. 传媒，2023（4）：32 – 36.
② 参见2023 年7 月18 日对访谈对象 Z1 的访谈。

3. 受体制机制制约，融媒体中心的经营与发展模式经常遭遇瓶颈，"造血"能力有待加强，无法做到事业与产业双发展。部分融媒体中心虽然在媒介经营转型和结构调整方面取得了一些成效，但仍然存在许多不足，如在举办各类活动时，对细节的考虑不够、服务客户的意识不强、活动创新力度不够等。

要实现融媒体中心的可持续发展，需坚持政府"输血"和平台"造血"双管齐下，在坚持采编经营两分开的基础上，增强融媒体中心自身的"造血"功能，使融媒体中心通过市场化运营实现价值变现。例如，Z县融媒体中心就表示，希望在融媒产业发展转型上得到当地政府的大力支持，按照中央关于县级融媒体中心的建设思路和精神，深入做好"融媒+新闻、融媒+政务、融媒+服务"。该县融媒体中心牢固树立"以人民为中心"的服务理念，结合当地实际，努力发展融媒体在公共农副产品营销和开发、组织活动与策划、数字乡村场景应用与开发等方面的活动力度。这样既能增强融媒体中心建设和群众的联系及宣传平台的黏度，又能落实党中央"群众在哪里，融媒触角就延伸到哪里"的初衷[①]。

对于各级融媒体中心来说，形成自己的造血功能很重要，而数字化建设是提升造血能力的一个可行途径。对于基层融媒体中心而言，作为距离基层群众最近的新型主流媒体，在创新发展中，需要积极实践数据化思维，深刻把握融媒体传播中的数据生成机制与运行逻辑，进一步巩固壮大融媒体平台的综合优势，为推进基层治理现代化贡献智媒力量。在数据资源的开发与利用方面，一方面各级融媒体中心要有效对接、汇聚各平台数据资源，开发利用好数据资源；另一方面也要自主创新开发贴近群众生产生活的数字应用场景建设，通过数据生产与服务来实现"造血"。例如，县级融媒体中心可利用政府资源优势在社区（农村）建设信息服务站、信息服务电子屏。这既是媒体信息载体，也是商业广告平台，甚至还可以是

---

① 参见2023年7月18日对访谈对象Z1的访谈。

物流载体，具有相当大的商业运作空间①。

总之，各级融媒体中心应密切结合地方经济社会发展的特点，把握民生发展的痛点，契合群众实际需求，以服务本地群众为宗旨，设计特定的服务功能，切实做到为群众提供全方位、全天候、高效率的民生服务和公共服务，同时又在提高自身经营能力的基础上，通过提供适当的商务服务而获得经济收益，从而实现自主经营、自负盈亏。各级融媒中心要继续发挥自身在内容生产方面的优势，打造内容品牌，探索公共信息供给侧结构性改革，同时又要善于利用新兴媒体的传播形式和话语方式，更加深入地运用"互联网+"新模式，成为推动地方经济社会发展的核心力量②。

第五节 融媒体中心深度改革推进困难

省市县三级融媒体共享联动生态建设是基于国家提出的"县级融媒体建设"基础上的又一有力举措，旨在打通三级融媒体之间的壁垒隔阂，提高资源的利用率，更好地贯彻落实国家政策，铸就具有传播力、引导力、影响力、公信力的"大宣传"格局，然而在建设过程中也出现了诸多困难和局限。

一、革新不彻底，机制体制融合不够深入

省市县三级融媒体中心共享联动生态的建设需要摒弃故步自封的思想，要建立良性的资源与数据共享机制，建立合理的分配与激励机制。然而，在调研中本课题组发现，各级融媒体中心在不同程度上存在机制体制问题。

---

① 华梦娜. 陕西省县级融媒体中心建设的现状、问题与对策研究 [D]. 西安：西北大学，2020.
② 刘彤，田崇军. 民族地区县级融媒体中心的融合困境与"在地化"突围——基于四川省民族地区县级融媒体中心实证考察 [J]. 传媒. 2022（16）：26–29.

（一）思想上革新转变缓慢，未能紧跟时代潮流

"思考是行为的种子"，对于事业发展来说也是如此。媒体是我国坚定不移的宣传主阵地，面对日新月异的新世界，要想打造融媒体的"高速公路"，必须与时俱进，及时调整建设方案，否则便会落后于时代发展。例如，Z县融媒体中心就曾出现未及时调整工作人员的思想观念和态度，导致融媒改革不彻底的情况。早在2019年，湖北省Y市委就印发了《Z市推进县级融媒体中心建设工作任务清单》，支持各地探索"一类保障、二类管理"运行模式，但Z县并未能及时抓住机遇，而是仍沿用"二类保障"的老路，导致后续动力不足，人才队伍、资金支持均出现短缺。所以在面对当下"日日新"的发展格局时，推动融媒体中心建设继续走在前列的任务艰巨而繁重[1]。不过该中心在后续改革中解放思想，通过"新闻＋商务"服务的探索成功实现了自我"造血"。

（二）内容生产生态系统尚不完善

省市县三级融媒体共享联动生态是一个由内容生产者、三级融媒体中心、用户、外部媒体等多要素构成的综合体系。在这个体系之内，省市县三级融媒体中心之间可以实现在不同平台、不同场景、不同终端之间的来回切换，能实现信息交流、公共服务、基层社会治理等多种社会功能。但目前省市县三级融媒体中心之间仍然存在各平台间无法跳转与对接、格式无法无缝切换等技术问题。例如，湖北省C市融媒体中心仅依靠2名技术人员维持整个中心的基本运转，人力资源的短缺和技术升级的滞后，使该融媒体中心无法完成共享联动生态体系的构建与开发。此外，该融媒体中心在直播、商业合作与功能开发、视频编辑剪辑新技术的应用等方面也存在资源短缺与能力不足的情况[2]。

（三）人员保障机制落实不到位

融媒体中心的运维效果是否长效关键在于是否有相关人才，而其中的

---

[1] 参见2023年7月18日对访谈对象Z1的访谈。
[2] 参见2023年10月对访谈对象C1的访谈。

关键又在于是否建立了人力资源保障机制，是否能落实对人才的生活保障，是否建立了合理的薪酬与绩效管理机制。随着省市县三级融媒体中心建设由浅水区进入深水区，各项资金开始增加，但是囿于发展环境与政策差异，导致部分融媒体中心对基层工作人员的福利与保障制度不完善。例如，从 C 市融媒体中心的建制来看，目前该中心核定 80 个编制，已用 70 个，仅 34 人拥有财政全额保障，差额 5 人、自筹 31 人和非在编人员 39 人的经费需靠中心自筹解决①。其他融媒体中心也面临类似的问题。

二、部门之间各自为政，联动机制尚未真正形成

对于各级融媒体中心而言，共享联动的目的在于解决资源的不足等桎梏，只有建立一个完整的、真正共享联动的生态系统，才能实现资源的最大化利用。然而，在调查中课题组发现，目前虽然省内大部分地市州级融媒体中心和县级融媒体中心都通过共享联动云平台连接在一起，但是各级融媒体中心之间并未能完全跳脱传统媒介建制的樊笼，仍然存在"融而不通"的状况，各部门之间、机构之间的壁垒仍未打破，各自为政的情况仍然比较明显，真正的联动机制没有真正成型。这种情况在那些还未实现共享联动的地区更加明显。例如，安徽省 A 市新闻传媒中心，作为市级传媒中心，虽然整合了"报、广、电"三大传播体系，但是在实际工作中，这些媒体机构和部门仍然是各自依托自身栏目分别创作的，联动机制并不明显②。此外，即使在实现了省市县三级融媒体中心共享联动的地区，地市州级融媒体中心和区县级融媒体中心在整个体系中也处于相对基层的位置，目前他们能做的更多的是配合省级媒体的部署与安排进行宣传、开展活动，自主进行共享联动性创作的还不多，长此以往，这种操作模式并不利于基层融媒体中心的发展。例如，Z 县融媒体中心在与《湖北日报》合作的过程中，大部分情况都是自下而上提供内容，下级融媒体成为上

---

① 参见 2023 年 10 月对访谈对象 C1 的访谈。
② 参见 2023 年 4 月 19 日对访谈对象 A1 的访谈。

级媒体的"供稿人",而上级融媒体中心对县级融媒体中心的反哺较少。对于融媒体中心长期的发展而言,如果缺少完备的联动机制是极为不利的。

融媒体中心各自为营、内部相互竞争、缺乏长效的联动机制的问题已然给未来媒体的发展带来不少困扰。这首先体现在工作效率方面。部门林立,栏目并行,同时又缺少有效的合作模式,自然会导致工作开展不顺畅。各个部门之间各自发展也会导致信息孤岛,资源无法充分共享,造成工作中的重复劳动,浪费时间和精力,限制整体的管理运行。其次,长期的沟通不畅会导致内容质量下降。在内容生产中,各部门、各团队负责不同的内容生产与传播,如果没有良好的联动机制,就会出现信息不准确、风格不一致、数据不统一等问题,从而降低产品的质量。最后,用户体验感不佳。各自为营的战略有可能导致平台上的烦琐操作以及信息重复问题,从而影响用户的满意度,降低用户黏性。在调查中,许多基层融媒体中心工作人员都表示,同一个内容产品如果在不同的平台和渠道发布时,需要进行许多额外的转换工作,他们经常遇到需要进行格式转换、重新调整版面设计、换平台后作品突然出现声画不对位等情形,这些问题都反映出目前的联动仍然不够通畅。例如,访谈对象L2就指出:"平台建设的初衷是实现一次采集多次生成,但在对接微博微信这样的平台时接口搭不进去,有些只能在本平台内部完成,各平台之间不能打通,特别是网站、微信公众号、抖音视频号等平台与我们之间不能彻底打通,无法真正实现一次编辑多平台发布。目前也只是实现了网站打通,其余平台暂时仍然存在壁垒,并没有完全打通,有点耗费人力,这一方面资源没有完全共享。其次是格式也不能通用,例如,图片、文字的格式在对接时并不是完全智能。每次我们将编辑好的内容放到不同的平台格式和排版会发生变化,目前仍然需要通过软件对图片尺寸进行调整,对音视频格式进行转换,还需要再通过第三方软件编辑好之后再导入这个系统。也就是说目前该系统在图片编辑、视频和文字格式的转换方面还有一定出入,必须借助第三方平台来进行编辑才能发布,所有平台必须手工添加重新编辑,所以融媒体平台系统在格式上还需要进行优化，不断完善。"①

建立长期高效的联动机制对融媒体中心的建设而言是十分重要的，未来的媒体发展也一定是协同作战，建立有效的沟通渠道和协作机制对各级融媒体平台而言受益巨大。

三、平台内容缺乏吸引力，用户黏性较低

用户黏性是指用户在应用某一平台的过程中，可持续性的参与度和忠诚度。这一指标反映了平台对于用户的吸引力和需要程度。在当下"内容为王"的时代，好的媒体平台一定是拥有优质、多元的内容与服务的平台，只有优质的内容与高效的服务，才能增加平台的持续吸引力。例如学习强国平台，除了提供多样化的党政新闻资讯之外，还设置了网络电台、电视剧、短视频、精品课程等多项业务。对用户而言，这种集纳型一体化媒体平台，能满足用户的多样化需求。同时，为了提高用户黏性，学习强国平台还设置了积分系统，通过积分奖励制度，鼓励用户多使用该平台，积极留住用户的这种运营模式值得所有媒体平台借鉴与思考。

反观当下各县市融媒体平台的建设状况，普遍缺乏优质的内容作为基本支撑，很难留住用户，用户黏性也比较差。C市融媒中心工作人员反馈，他们曾经做过一项用户调查，数据显示虽然用户对C市融媒体中心推出的几大媒体平台的功能期望值和认同度比较高，但用户使用的频率不高，用户黏性也不强。其中，受访者中日活用户占比为30.65%；20.41%的人群每天使用时长在60分钟以上；15.82%的人群在30~60分钟以内；45.26%的人群在10~30分钟以内；18.51%的人群低于10分钟。可见用户对于平台的使用热情并不算高昂，亟待平台系统予以调整改善②。

湖北省部分融媒体中心已经意识到自身存在用户黏性不高这一问题，他们已经投入提高用户黏性的探索实践之中。例如，S市融媒体中心已经

---

① 参见2023年6月14日对访谈对象L2的访谈。
② 参见2023年10月对访谈对象C1的访谈。

创建了"媒体+党建"模式的数据中心,将所在区域内的党员数据全部联网,推出了统一收缴党费、线上开展主题党日活动和相关学习等业务,并且开辟了线上会议直播功能,使用较为便利。此外,S市融媒体中心利用该平台将数十万党员变成"通讯员",通过平台的社群功能实现了党员自下而上为平台提供资讯和稿件,这种增强用户黏性的举措,扩大了融媒体中心的传播力和影响力。该模式也获得了湖北省委的肯定,将来有可能进行大范围的升级推广[①]。

总之,用户黏性低下对于融媒体平台的长期建设来说无异于"温水煮青蛙",除了导致用户使用量下降,还会影响广告营收。一旦缺少资金支持,融媒体平台的建设就有可能走回"外部输血"的老路,停滞不前。因此,省市县三级融媒体共享联动生态的建设还是要以用户为出发点,除了媒体自身的运作管理,还必须考虑用户的接受度与使用情况,最大限度地留住用户。以今日头条、抖音、快手等为代表的社交媒体,就在内容分发过程中加入了算法机制,从用户的喜好出发,自动推荐个性化内容,增加用户对平台的兴趣和依赖程度,这种模式值得各级融媒体平台在建设中斟酌、学习与考量。

---

① 参见2023年7月19日对访谈对象S1、S5的访谈。

第六章 技术赋能省市县三级融媒体共享联动生态圈建设

技术支撑是省市县三级融媒体共享联动生态建设的底层与基础，紧跟传播技术发展的形势，及时添加合适的功能板块和应用场景，才能适应不断发展的传播实践。在媒体转型发展的关键节点，作为省市县三级融媒体共享联动生态技术支撑的长江云，紧紧围绕"文化＋科技"发展方向破壁突围，不断挖掘新需求、寻找新场景、开发新应用、构建新连接，奋力将长江云新媒体集团打造成具有较强示范性、先导性和成长性的新型文化科技企业。

为满足新时代传媒行业对业务更智能、数据更安全、能力更开放的三大核心诉求，长江云在 AIGC（指利用人工智能生成的内容）、业务中台、数据中台、保护系统等诸多方面进行了技术升级与再造。

通过对关键信息基础设施的建设和等级保护系统的建设，逐步实现平台国产化，打造更安全的平台。此外，长江云还通过开放业务中台、数据中台、AI 中台解决过去存在的业务鸿沟、数据壁垒问题，以保障省市县三级融媒体数据、资源共享联动的顺利进行。

一、AIGC 助力共享联动云平台的业务流程再造

面对基层不断增长的大数据和相关应用的需求，长江云通过 AIGC 技术对业务流程进行全面改造，提升平台的智能化生产和服务能力，打造更智能的云平台。长江云通过技术的更新换代，加入了智能模块，提高了共享联动云平台的数据搜集、数据处理、协同编辑、多场景应用、多模态产品的智能生成等能力，也增加了系统的对外兼容能力和系统扩容性，允许接入的各级融媒体中心能开展跨区域、超时空、跨媒体、多模态、多场景的采编工作和创意生成工作，从而实现了业务流程的再造。

（一）自然语言认知类产品的研发与应用

自然语言处理（Natural Language Processing，NLP）是将人类沟通交流的语言经过处理转化成机器所能理解的语言的过程，它是人工智能领域的底层技术。这种技术通常与智能语音、知识图谱等密切相关，而语音识别、语音合成、语义分析等细化技术往往会与之相结合，并以对话式 AI、

机器翻译、文字审核、知识库等产品形式出现。此外，自然语言处理还能满足较为复杂的社交网络文本情感分析、客户信息挖掘等业务，从而实现信息内容的精准推送，因此，它也成为媒体平台技术研发的重要板块。

2023年是生成式人工智能产品备受关注的一年，随着OpenAI公司的ChatGPT、科大讯飞的星火大模型等自然语言类产品的问世，AIGC逐渐走进媒体视野，开发自然语言认知类AI产品也成为媒体平台的一大业务。基于此，长江云在AIGC方面训练基于新闻线索的媒体写作模型，该模型可用于内容产品的智能创作，从而使生产出来的内容产品既满足意识形态的管理要求，又符合新闻事实生产的相关要求。此外，长江云还训练基于新闻内容和社群上下文的智能运营模型，该模型可用于省市县三级融媒体中心舆情管控和互动运营，能在增强平台互动指数的前提下确保内容安全。

（二）视觉处理产品的研发与应用

计算机视觉是指通过替代人眼的图像传感器去获取物体的图像，并将之转化成数字加以分析与处理。它让计算机拥有了类似人类的图像获取、提取、加工、理解、分析，甚至是图像序列分析的能力。在技术层面，计算机视觉主要包括图像分割、图像识别、图像增强、图像平滑、图像编码和传输、边缘锐化等功能，随着计算机深度学习技术的不断进步，计算存储功能的扩大、可视化数据的激增，计算机视觉技术目前已经成为媒体利用人工智能的一个重要领域。

作为省市县三级融媒体共享联动生态技术基础的长江云，近年来通过训练基于文本到图像生产的认知大模型，实现了根据提示文本输入生成高质量、高分辨率、高逼真度图像的功能，长江云还结合平台用户画像和推荐引擎，实现了平台海报、广告、活动和互动游戏的策划等多种功能，从而为基层融媒体中心提供更好的技术支持。

（三）垂直领域生成式智能产品的研发与应用

生成式人工智能除了在自然语言处理中应用，也能在垂直场景中大显身手。随着大模型的飞速开发，各行各业都在尝试运用大模型进行业务融合创新和垂直领域的赋能，长江云也在这一领域进行了探索。长江云目前开发出了几款垂直类生成式智能产品，如：基于健康专业视音频内容库的问答机器人，可实现通过电视和手机终端接受用户问询；基于青少年心理辅导节目的互动数字人，可用于青少年心理健康辅导，实现危机干预、自杀预防等。这些垂直类生成式人工智能产品在满足基层融媒体中心多样化需求的道路上迈出了第一步。

（四）数字艺术创作工具产品的研发与应用

数字艺术设计是使用计算机软件按照一定的艺术设计规律形成视听图形和图像艺术的过程，是媒体数字化转型的重要构成，也是当前融媒体中心进行内容生产的重要工具和帮手。在这一领域，长江云不仅探索开发了 AI 创意生产集成工具，降低了制作数字内容加工的门槛，同时还与湖北美术学院等高校合作，在数字艺术创新产品的生产方面进行了尝试，目前已经打造出汉绣等非遗数字 IP，这也为基层融媒体中心进行创新生产提供了技术支撑。

二、三大中台成为共享联动云平台良性运作的驱动力

"融媒中台"是在各级融媒体中心之间建立的中介性质的平台。这个平台包含着为省市县三级融媒体中心共享联动而设计的信息集成中心（Information Integration Center，IIC）和软件开发工具包（Software Development Kit，SDK）。其中，信息集成中心（IIC）支持"融媒中台"对接所有产品生产方，汇聚、并归纳整理所有的产品及数据，支持平台算力对媒体产品进行智能分析，根据分析结果为生产者推荐合适的分发渠道；而软件开发工具包（SDK）则是"融媒中台"开发一个的"转码区"，该平台能够按照所有发布渠道的格式要求进行统合，并提供转码接口与一键分发通道，为各级融媒体中心提供快速转码服务。融媒中台能够帮助各级融媒体中心加快生产速度、便捷地将作品投放到目标平台，且免去多次推送中的再编码、再编辑等"二次操作"。为更好地服务共享联动云平台的各项融媒业务和数字文化产业，长江云通过对数据中台、AI 中台和业务中台三大中台

的建设,将共享联动云平台的媒体资产和运营数据转化成行业数据集和强化训练数据集,为各级融媒体中心提供技术支持。

(一)建设数据中台满足媒体数据化转型需求

数据中台是对省市县三级融媒体共享联动云平台业务与数据的沉淀,是实现数据赋能新业务与新应用的中介性、支撑性平台。面对各级媒体平台数字化向数据化转型的难题,长江云国产数据库企业——北京聚云位智信息科技有限公司开展合作,联合成立"长江云融媒体大数据联合实验室"。该实验室以"边运营,边治理"的方式,历时两年的时间完成了数据治理,并在国产化的大数据底座与技术框架的研发上实现了突破。联合实验室还通过定义数据治理范围与识别、标识数据资产、建立媒体业务数据管理规范,联合打造"ZettaBase 融媒版"国产数据库系统。目前数据库系统已集纳全部的融合媒资、3A、C1/2/3 以及海量用户行为数据,以满足融媒体业务行业需求为主要方向,形成独立自主的融媒体数据中台系统。在数据中台的支持下,长江云大数据舆情和智库平台为各级党政部门信息监测、舆情研判、行业研究等业务提供服务,相关数据产品已被中央级、省级以及市县级共 42 家单位采用。

(二)建设 AI 中台满足基层智能传播需求

为了帮助接入平台的基层融媒体中心获得更多的应用场景和灵活度更高的 AI 能力,使云平台的内容生产与 AI 创新需求结合,长江云在数据安全至上的基础上,通过新基座对 GPU 资源进行智能调度建设 AI 中台。一方面,AI 中台的 GPU 能力在日间可用于云平台的内容生产,夜间则用于 AI 模型的训练;另一方面,长江云还结合成熟平台的大模型与预训练模型,将主流大模型的能力深度整合,在建设符合我国国情和行业特征的安全 AI 中台系统方面进行探索,推进自有系统建设。为了保障 AI 中台的顺利运行,长江云还组建了一支 20 人的 AIGC 专业技术团队,团队成员包括人工智能技术人员和图形计算工程师,成员围绕媒体内容生成、分析和运营交互等方面开展研发和创新。此外,长江云还通过与头部大模型平台方的合作，开发满足媒体和文化应用场景的"分支模型"，研发了一批商业模式创新、技术架构领先、市场前景可期的 AIGC 垂直类产品，满足接入平台的基层融媒体中心的智能传播需求。

（三）建设业务中台满足基层业务多样化需求

面对基层融媒体中心不断增长的多样化需求，长江云通过建设业务中台力求满足基层的个性化需求。长江云业务中台结合协同过滤、深度学习推荐算法，对用户行为、偏好、兴趣等数据进行建模分析，实现自动化编排、个性化推荐、智能化运营。面对基层数字乡村建设的需求，长江云联合各市县融媒体中心开发了村民积分制系统，林长、路长、河长"三长"智能化管理系统，乡村专家人才系统，农业气象预测系统和乡村智慧医疗系统。其中，秭归县部署了 42 个数字乡村应用场景，服务群众突破 10 万人；村民积分制系统覆盖长阳全县 11 个乡镇，68 个试点村 41569 户家庭。

针对基层融媒体的发展需求，长江云的业务中台还推出了服务轻量级生产场景的应用。结合区级融媒体中心人员紧缺、业务简单等特点，在确保安全可控的前提下，长江云依托现有平台的灵活配置打造了"轻量、智能、快速、专业"的"小微"融媒体生产平台，提供了舆情订阅、内容智能生成、内容快速生产、多渠道一键发布等功能。目前已实现了 25 个市辖区的合作，覆盖全省 39 个市辖区中的 64%，其中武汉 6 个、孝感 1 个、黄冈 1 个、随州 1 个、咸宁 1 个、襄阳 1 个、宜昌 3 个、十堰 4 个全覆盖、鄂州 3 个全覆盖、黄石 4 个全覆盖，其他地区加紧推进中。

在保障业务安全方面，长江云自主研发了集成播控系统，替换掉所有的国外商业化产品。在开源产品方面全部进行严格代码审核，自行制作特定的安全版本，同时还借鉴先进的云计算技术，自主研发了核心中间件产品，形成了以集成播控系统为核心，运营系统为外围，用户互动系统为门户的业务中台。

（四）三大中台增强了共享联动云平台的开放性

长江云在融合开放的理念下与广大合作伙伴携手共建，以建设行业发展生态作为发展目标，实现了云平台的业务、数据、能力三重开放。其中，在业务开放方面，长江云作为全省、全国范围内的100余家媒体的基座平台，不仅为基层媒体提供多场景业务支撑能力，还为媒体单位提供更好的策、采、编、播、发一站式的云服务解决方案；在数据开放方面，长江云基于平台核心业务，对外提供标准化接口，支持共建单位及合作伙伴快速接入新闻、政务、服务、商务等应用和产品，有效压缩二次开发流程和成本。同时，长江云还通过建立数据共享的统一规范标准，构建集约化通用资源库，实现了基础资源使用效率最大化；在能力开放方面，长江云与腾讯云、百度智能云和重点高校、科研单位开展合作，共同建立区块链智慧融媒联合实验室、人工智能实验室、数字文化实验室等专项小组，集中解决各级媒体所面临的共性问题，开发新的应用模式，并整合到融媒新基座中。同时，长江云还支持基层媒体和其他合作单位将针对自身需求开发的产品发布到基座平台中，使之在平台中推广并获得收益。

三、面向智能内容生产推进媒体深度融合

在媒介传播生态发生变化的当下，基层媒体平台的需求更加多元，作为省市县三级融媒体共享联动生态技术基础的长江云，通过对智能技术的升级与强化，聚焦智能应用、聚焦社群场景、聚焦用户需求，培育新动能，进一步推进省市县三级融媒体中心的媒体深度融合进程。

（一）聚焦智能应用，助力媒体生产效率提升

长江云平台将大数据和人工智能技术应用于提升媒体深度融合的业务能力和技术集成创新的应用能力，在为全省各级媒体提供智能应用支撑的同时，对产品和服务进行持续迭代和升级，确保平台媒体生产和传播两大体系与当前技术发展趋势同步。长江云累计完成678项优化功能上线，其中2022年完成201项优化功能上线。从2023年初开始，平台加大AIGC能力集成，进一步拓展智能化生产的应用场景，如智能审核、智能剪辑、智能推荐等。目前长江云的相关技术已被100多家文化单位采用，包括湖北省8个市州级融媒体中心、60个县级融媒体中心和25个区级融媒体中心。

(二) 聚焦社群场景，激活平台与用户强连接

移动互联网时代社群个体之间的连接越来越成为一种突出现象，聚焦社群场景，激活用户与平台之间的强连接也成为各级媒体平台建设的突出需求。长江云通过强化技术升级带动运营升级的方式，实现了新闻传播与用户社交的双向融合。在共享联动云平台的线上，接入的各级融媒体平台可依托"长江号"聚合网络大V、社区达人；而在线下，各级融媒体中心可以通过网络媒体行、直播进社区等活动，以正能量吸引用户。此外，长江云还开辟了多个社交圈层，如"摄影圈""旅游圈""美食圈""萌娃萌宠圈"等，并依托市县融媒体中心深耕基层优势，常态化开展如"荆楚过大年""楚天春光好"主题征集活动，以优质内容吸引和留住用户，为市县融媒体中心深度运营筑牢基础。

(三) 聚焦用户需求，打造智慧大屏视听互动新场景

长江云以用户为中心，构建统一的媒资中心，依托"媒资标签+用户收视行为数据+推荐算法"，实现内容与用户的精准匹配。长江云平台的媒资标签总数达到1万多个，日均处理高清素材媒资2000多条，在短视频生产方面，长江云通过多模态智能识别建立了高光时刻标注，实现短视频的快速拆条，方便基层融媒体中心制作短视频。在内容的精准推送方面，长江云结合协同过滤、深度学习推荐算法，对用户行为、偏好、兴趣等数据进行建模分析，从而实现自动化编排、个性化推荐、智能化运营。

开发互动新场景也是长江云聚焦用户需求、主动满足基层需求的一个尝试。长江云利用AIGC能力，学习家庭用户视听知识手册并生成语言模型，结合"知识数字人"的自然语言交互技术，在大屏首页、详情、播放等全场景中提供多种互动方式。目前，长江云基于智慧大屏的智能推荐效果良好，用户观看时长和正面反馈率也得到了提升。近60万IPTV用户激活了数字人服务，数字人应用响应达4.5次/天。长江云的智能推荐内容覆盖了95%左右的用户，用户留存率从原来的51%提升至62%，用户日均观看时长和黏性提升至6.5小时左右。

电视大屏作为家庭中心，是智能家居设备最佳的集成入口，用户可以通过电视大屏控制智能家居设备，如灯光、温度、音响、监控等，实现智能化的生活方式，从而获得更加便捷、舒适、安全的生活体验。在智慧家居的业务拓展方面，长江云平台双向打通了电视大屏端与手机移动端的内容、用户、互动功能，用户可以在多个屏幕上实现无缝切换和同步操作，这种新的交互方式也为用户带来了沉浸式、便捷化、互动化等特色的多屏联动观看新体验。目前，长江云的平台能力已覆盖超800万家庭用户和近2000万收视人群，可为接入共享联动云平台的相关媒体机构提供智慧家居的服务。

（四）聚焦智慧家居，开发垂直应用新场景

智慧家居是垂直应用的新领域，在这方面长江云平台联合电信、移动、联通三大运营商，不仅为全省800万IPTV用户带来了更优质、丰富、便捷的视听体验，还不断探索智慧大屏在垂直市场的广泛应用，将大屏视听应用于更多场景，为用户提供更加全面和立体的服务体验。

1. IPTV智慧康养

在智慧康养方面，长江云联合运营商推出康养语音遥控器，在IPTV智能大屏上为居家老人提供一对一专业的"家庭医生"服务。老年用户可以通过康养语音遥控器实现语音问答互动，进行自我问诊、AI分析、智能诊断、治疗建议，并形成健康档案，为老人提供多方面的建议与指导。该产品上线两个月，每月新增服务近万名IPTV老年用户。同时，长江云还进一步整合系列健康养生类科普视频，并开展义诊、健康讲座等线下活动，与政府、医院、药企等协同合作，共同推进数字生活健康服务产品的发展，并在互联网医疗及大健康产业领域逐步拓展和延伸。

2. IPTV智能伴学

长江云联合科大讯飞公司推出了"IPTV智能伴学"产品。该产品依托语音识别、自然语言处理等人工智能核心技术，面向3~12岁用户，提供学科教育与实质应用型的素质教育大屏内容产品。该产品通过语音交互、体感交互、纸屏交互等多种方式，结合中国教育电视台的优质资源，为孩子们提供权威性的学科课程、个性化的课程任务以及趣味性的交互内容，旨在提高孩子们的学习兴趣和综合素养。"IPTV智能伴学"产品还赋予了家长大屏安全管控能力，家长可以使用专属遥控器管理孩子观看内容和时长。该产品不仅满足家长和孩子"解放家长"这一教育场景核心需求，还构建了趣味互动家庭学习场景，推动居家教育在线化和数字化发展。

四、提供基层社会治理的数字化解决方案

社会治理是基层融媒体中心的重要业务，长江云通过研发各类政务信息化产品，为各级党政部门提供基层社会治理的数字化解决方案，破解基层社会治理难点、堵点、痛点，助力提升基层社会治理效能。

（一）基于党政部门业务需求提供精准化产品服务

云上政务服务、新时代文明实践、数字乡村建设是基层社会治理的三大重要内容，长江云有针对性地开发了相应的数字化信息系统，助力基层党政部门提供精准化的产品与服务。

1. 搭建"云上问政"服务平台

政务板块是各级融媒体中心的重要业务内容，对此长江云升级技术，搭建起"云上问政"服务平台。在共享联动云平台上，基层融媒体用户可通过多端口提交诉求，实现全天候"一键问政"，该服务目前已经覆盖湖北省87个市县，平台每天接收问政和报料信息1000多条。长江云还通过大数据舆情和智库平台为党政部门信息监测、舆情研判、行业研究等业务提供服务，相关服务已经被中央级、省级以及市县级共42家单位采用。在拓展基层党建板块方面，长江云开发了以党员下沉、党史微课堂为核心功能的党建学习活动平台，为基层党建管理赋能，目前已覆盖湖北省100余个市县区。

2. 研发新时代文明实践平台

为满足基层融媒体中心对志愿服务等新时代文明实践的需求，长江云全面打通融合省市县、乡、村五级形成新时代文明实践管理体系，为基层

媒体提供集线上接单、线下服务、群众评价等志愿服务于一体的全流程信息化的平台支撑。目前，该系统现已覆盖全国72个地区，汇聚志愿组织3.2万个、志愿活动29万余次，注册志愿者300万，总服务时长达1121万小时，是湖北省内覆盖范围最广、用户数最多的志愿服务平台。

3. 搭建数字乡村信息服务平台

基层融媒体中心对数字乡村信息服务的需求比较大，长江云践行决策共谋、发展共建、建设共管、效果共评、成果共享的"五共"理念，搭建数字乡村信息服务平台。通过所搭建的5个数字乡村和基层治理系统，为基层的村务管理、环境治理、乡村人才管理、农业气象预测、乡村智慧医疗等提供更精细化的服务。

（二）聚焦垂直类用户开发智慧民生服务产品

长江云着重深耕用户需求，以"智慧+"场景建设为切入点，力求为用户提供更加智能化、精准化的民生服务产品，全面打通服务群众"最后一公里"。目前已经开发的相关垂直类智慧民生服务产品包括退役军人服务平台、工会福利系统、出行服务平台、场馆预订系统、智慧食堂系统等。

目前，长江云与云上咸宁共同开发了集政策宣传、投诉咨询、福利发放为一体的"崇军汇·退役军人服务平台"，构建社会化拥军模式。咸宁市、县、乡三级退役军人服务中心（站）、568家社会商家以及23020名退役军人入驻平台，累计为退役军人解决咨询求助超3000条、线上线下累计为退役军人提供消费优惠7万人（次），优惠金额超300万元。长江云还推出了工会福利系统，聚焦湖北省1400万工会会员，打通工会、合作商家、支付宝、云上客户端各环节，实现一键发福利和一键领福利。搭建"返鄂宝·湖北出行服务平台"，为全省3500万群众提供出行指南，平台用户触达总量已过亿。开发场馆预订系统，基于云上系列客户端实现基层群众的线上预订需求，可覆盖县级科技馆、美术馆、博物馆等商业平台不能完全触达的公益性文体单位。开发智慧食堂系统，把日常用餐场景植入手机客户端，实现用户云上扫码用餐，目前已覆盖多市州机关单位食堂，月流水超过500万元。

五、数智赋能助力文化产业发展

作为省市县三级融媒体共享联动生态技术基石的长江云,通过"文化+科技"数智技术应用助力湖北省文化产业的创新及发展。

(一)信息化助力文博机构升级服务

长江云搭建了推进文博机构数字化转型的技术平台,利用 Web 3D、3D Mapping、全息成像、VR/AR/MR、多通道屏接等前沿技术,帮助文博机构搭建具备数据跨屏互通、安全可控和沉浸式体验等特点的新媒体平台,全面展示长江流域源远流长的历史进程和丰富灿烂的荆楚文化遗产。该平台不仅提升了文博机构的品牌形象和文化影响力,也为公众提供了更加便捷、全面的文化资源获取渠道。

同时,长江云利用数字化媒资管理、智能统计数据分析、多类型用户权限管理等先进技术,为文博机构构建了一套完备的大数据服务体系,可进行数据采集、媒资管理、智能审核、智能编目、智能分析等全流程一体化管理。通过大数据平台的赋能,可以帮助文博机构了解市场需求、优化业务流程、提高运营效率等。目前,该平台已经为湖北省文旅厅、省博物馆、省考古研究院等机构提供了全面的数字化支撑,并协助省文旅厅收集了全省近十年的精品艺术资料,实现媒资入库、编目等功能,截至2023年底,该平台已采集全省精品艺术资料总量达20T。

(二)融合交互探索新场景应用

交互式文化新场景的搭建也是长江云助力文化产业发展的重要方式。长江云通过 AIGC 和多媒体交互等技术,将传统的荆楚文化元素与现代文化相结合,充分挖掘了荆楚博物文化的当代价值,为传统文化的传承和创新提供了全新的思路和方案。长江云通过搭建线上云展播平台的方式,向公众展示了荆楚博物文化的精华,让用户足不出户便可以领略到荆楚博物文化的魅力。长江云还利用 AIGC 文生图工具推出了"楚天春光好""博物知时节""春暖花开""唯见长江天际流"等作品,让更多的人了解荆楚文化的魅力。在线下，长江云和多个博物馆开展合作，利用最前沿的多媒体技术，结合科研、保护、展示、教育、传播、文创等多个业务板块，共同推出线下沉浸式数字博物馆等，让观众深刻感受荆楚文化的魅力。

（三）依托数字孪生探索构建文博元宇宙

长江云依托数字孪生在文博元宇宙领域进行探索，创新了历史与艺术相结合的数字化新形态。目前长江云与湖北省博物馆、中国数字图书馆、哈佛大学中国艺术实验室、商汤科技等数十家机构及企业开展合作，结合科研、保护、展示、教育、传播、文创等多个业务板块，共同推出线下沉浸式数字博物馆，打造文博元宇宙。该技术在不同区域利用3D投影构造沉浸式的时空隧道，将观众带入曾侯乙墓葬的多重空间结构之中，观众还可以在沉浸式的穿幕空间中体验楚国800年的宏大历史主题。此外，烟雾和激光技术及顶面全息投影技术复原了越王勾践剑的铸造过程和春秋争霸等历史场景，让观众沉浸式体验了历史与艺术的魅力。

长江云构建的湖北文博元宇宙，以沉浸式虚拟数字大展为先导，以数字文化产品、数字文创产品、IP研发课程为副线的整体商业布局，形成线上销售与展览现场人流转换的双线导流格局，最终实现元宇宙经济体系的线上运营，最大限度激发文博市场活力和创造力。在项目建设中，中国数字图书馆还牵头发行了项目专项基金，募集6500万元为湖北文博元宇宙提供项目建设和运营所需资金，该项目预计在2024年对外展出。

（四）文创平台落地推动产业发展

在推动文创产业发展的过程中，长江云利用大数据和区块链技术打造了长江数字文创大数据服务平台。该平台定位于整合长江流域文化IP资源，为文创内容及产品提供包括基础技术支撑、文创数字IP保护及发行、数字文创产品周边开发等在内的多项相关服务。文创大数据服务平台还可以实现数字文创产业的全流程闭环式服务：平台聚合区域优质IP，通过数字化加工、整合版权保护、版权交易、数字化IP四大行业生态，形成"创作主体提供IP内容—平台加工包装展示—数字版权认证—认证版权交易—

优秀作品铸造数字藏品—服务实体文旅产业"的产业闭环。此外，该平台还在确保数据的安全性和隐私性的前提下，允许数据被用户访问和使用，为用户提供安全、可信赖的数据共享服务，这有助于促进文化创意产业的信息交流和共享。

在文创产品的落地方面，长江云联合武汉大学测绘遥感信息工程国家重点实验室推动湖北省宜都市多时相历史地理博物馆的申报和建设工作。该博物馆通过多源多目标图像数据采集与感知数据的异构分析，实现知识链接与空间映射分析，完成对行为轨迹与文明触发的归因分析，让数据成为学术分析的手段。该博物馆以多时相数字孪生场景漫游的形式，回溯宜都历史文化起源、纷争、发展及辉煌等阶段，将三国时期夷陵之战的历史场景进行数字化构筑，观众可以通过互动的形式参与到历史场景当中，达成历史与现实的双重互动，给观众带来不一样的数字互动体验。目前竹山、新洲等地市都表示有浓厚兴趣，多时相历史地理博物馆的建设模式有望在全省各县市复制和推广。

当前，湖北省媒体融合发展已进入纵深加速阶段，作为省市县三级融媒体中心共享联动生态技术基石的长江云，通过技术的升级与新产品的研发，进一步打通市级和区级节点，有效实现全省媒体资源整合、生产传播一体化、省市县区统筹协同机制。一个高度集成化、高度智能化、生态型的"内容汇聚交换平台"已然形成，极大地提升了各级融媒体中心之间的共享、互通与联动效率。

第七章　三级融媒共享联动生态的管理变革与制度重塑

科学的管理体制不仅可以助力省市县三级融媒体中心更好地联动，还能提高工作效率，激发职员工作热情。转变管理思维、明确发展目标，划定职权范围、规避多头汇报，统一用稿管理，设定人才激励机制，打破旧有壁垒，才能让省市县三级融媒体中心在自身职权和能力最大化的情况下，实现长久的良性循环，打造可拓展、可延伸的省市县三级融媒体中心共享联动生态圈。

一、机制创新构建省市县三级媒体融合联动效应

在媒介可供性发生巨大变化的情境下，体制机制也需要随之发生革新。而在机制创新方面，长江云的做法具有一定的推广性。首先，在管理体制上，长江云平台成立了编委会，全面整合省市县三级媒体编辑资源，按照宣传主题集中策划、宣传活动统一调度，放大了三级媒体的联动集聚效应。例如，平台编委会连续四年策划推出了"荆楚花开"全媒体行动，以5G直播、精品视频、图集等多种形式全面推荐湖北各地优质旅游资源，每年参与地区超过50个，学习强国总平台专题推介，关注人数超过2亿次。2022年，平台编委会还联动云上宜昌、云上夷陵、云上公安推出"巍巍三峡"媒体行系列直播，发布原创稿件60篇，原创网络直播8场，全网阅读量超6000万人次，荣获省广播电视局"我们的新时代"——湖北省主题原创网络视听作品最佳作品奖，直播类产品连续两年荣获最佳作品奖。类似这样的三级媒体联动还有很多，通过联动，共享联动云平台不仅集聚了有限的媒体资源，而且也扩大了活动的影响力。

除通过平台编委会整合省市县三级媒体资源外，长江云还组建了全国省级平台合作体，实现了媒体的跨地域抱团发展。借助全国省级平台联盟，各平台之间通过协商互相授权使用自己原创或者转载的新闻报道、图片、视频、直播等内容。通过共享资源，各媒体平台拥有了更加丰富和多样化的内容，同时还可以通过联盟策划组织大型活动，塑造主流舆论新格局。而全国省级媒体平台联盟还可以串联起湖北省县融协作体，实现信息共享、联合宣推、共创共融、协同发展。

依托平台运营合作体,增强市县媒体自身造血能力,这也是长江云在机制创新方面的成功做法。平台运营合作体全面整合省市县三级媒体运营资源,并通过云上联动直播积分制,形成了"一家直播、百家帮转、轮流领唱、全省合唱"的联动互助机制。在平台运营合作体的推动下,全媒体直播已成为湖北省市县三级媒体实现突围的支柱产业。平台运营合作体每年发起直播超 1000 次,最高峰时一周直播 50 场,咸宁广播电视台、钟祥市融媒体中心直播场次每周 2 场以上,年直播收益达 300 万元以上。这些直播活动不仅让市县媒体实现了传播的"可见性",更为基层媒体带来了一定的经济效益,增强了基层媒体自身的造血能力。

二、制定统一目标,减轻基层压力

想要建立运行良好的省市县三级融媒体共享联动云平台,形成互联互通的融媒体生态圈,需要先从顶层设计上明确发展方向和目标。俗话说"火车跑得快,全靠车头带",制定统一目标是建构科学管理体制的基石,省级融媒作为三级平台中的"车头",需要综合考评各市县的现状,找共性、抓主要矛盾,继而进一步明确目标。省级融媒体中心相较于市县级融媒体而言,拥有较多的资源、平台和人才,要带动各市县区融媒体中心的发展,除了提供技术支持和管理经验,还要面向各市县区展开专业技能方面的定期培训,促进各融媒体平台间的互相交流与学习。

目前湖北省已经制定了相关指导性文件,如已经出台了《湖北省广播电视和网络视听"十四五"规划》《媒体深度融合三年行动计划(2021—2023 年)》和《湖北省加快推进媒体深度融合发展的实施方案》等。这些政策文件的发布对于省市县融媒体建设的规范性发展起到了重要作用。

在此基础上,还需要及时学习中央指导性文件和相关精神,学习外省优秀融媒体及平台的创新案例,将三年行动计划延展、细化和深化,制定出符合省市县、区各级融媒体中心的具体实施方案。同时,还要出台更多符合本地实际的融媒体发展条例、文件。

制定的政策也需要各地依靠实践来检验其科学性,以便后期进一步调整和改进。上级主管部门应该在了解基层融媒体发展现状、困境的基础上，形成推进各地下一步工作的指导精神和目标，有效保障后期工作不跑偏，科学评估工作成果，切实为各地带来帮助。

另外，也需要看到各级融媒体中心之间存在的资源差距，不能因片面追求形式而脱离融媒体发展的初衷。虽然省市县三级融媒体共享联动生态追求的是共同进步和发展，可仍需要根据不同层级融媒体的现实情况做出合理范围内的调整，设立的目标要符合现实，要让各级融媒体中心开展工作、生产内容、提供服务"接地气"。新闻内容的生产本应该注重事实、淡化形式，无论是哪一个层级的媒体，最终追求的应该是满足公众对新闻应知尽知的目标，公众是新闻的灵魂，失去了公众，也就失去了新闻的意义。面对各级融媒平台在建设过程中的不同情况，应以尊重当地群众需求为主。任何工作都不能在多头请示的情况下合理高效地运作，明确服务对象后才会让设定的目标有意义。上级部门在提出要求或验收成果之时也应以群众满意度为首要考核标准。在实际运行中我们要承认并发现，同一目标的实现过程中可能会存在临时性的调整或追求效果优化的临时工作增负，在这种情况下，可通过部门间的沟通协调，减少不相容的现象；也可以通过事先增加参与某个报道或活动中机动人员的数量，为后续报道或活动的顺利进行提供支持。

需要注意的是统一目标不是枷锁，也不是同质化。一方面，确定统一目标后，不能为了片面追逐其实现，而出现实际操作中的无序，也不能为此降低对内容生产的质量要求。要运用形式与内容的辩证关系来把握省市县三级融媒体共享联动云平台的建设不跑偏、不落入形式主义的窠臼。另一方面，目标的设定是为了加强各部门之间的有效沟通，从而提高工作效率。前期准备工作做得越充分，对精神理解、学习得越透彻，后期的工作便越能起到事半功倍的效果。统一目标是根据省市县三级融媒体中心的实际情况，实时调整行动步幅，不能步子太大也不能过于保守。而对于各级融媒体平台间关系的理解也要准确到位，省市县三级融媒体共享联动云平台应该是一个交流学习、互相借鉴、平等互利的平台，所打造的生态圈也应该是一个高效、健康、欣欣向荣的生态圈。在生态圈之下，各级融媒体中心不仅能够在资源共享、数据共享、内容共生、创意互动等条件下完成内容的生产，同时也能激发基层工作人员的工作热情，减轻基层媒体工作者的压力。

三、树立三级责任划分，实现高效垂直管理

在调研中，部分县级融媒体中心反映的在实际工作中出现了多头管理的情况，其本质还是职责不明晰导致的结果。想要减少或避免这种情况的发生，就要明晰省市县三级融媒体的职责划分。如果把省市县三级融媒体中心共享联动生态比喻为人的身体，那么省级融媒体中心便是"头部"，地市级融媒体中心则是"腰部"，区县级融媒体中心可以理解为"手"和"脚"。想要让这三部分各司其职、有序运作，必须保证省级融媒体中心决策有力，市县融媒体中心要发挥自身的能动性和创造力，通过对上级精神、政策的学习，设计出科学合理的方案，搭建高效的运作体系。作为"头部"的省级融媒体中心要起到领导和统筹大局的作用，保证思想不掉队、实时更新，释放引领性信号。作为"腰部"的地市级融媒体中心要起到联通作用，形成垂直的连接，省级融媒体中心和县级融媒体中心要积极配合，避免跨级沟通引发的"腰部塌陷"和重复汇报现象，提升整体的工作效率。而作为"手"和"脚"的县级融媒体中心要致力于深耕内容和实地调研，为上级部门调整政策方向提供更为准确的一手资料，让"身体"站得稳。

省级融媒体中心相较于市县级融媒体中心拥有更多的资源、资金和人才，要根据各市县的情况给予财政和技术上的指导培训和支持。地市级融媒体中心应该承担枢纽作用，坚守对自己辖区和县域的职责，作为对管辖区较为熟悉的主要存在，就如同身体中的肌肉群一般，对于文件精神的学习传达要发挥转化作用，及时与县域沟通，探索县域之间的共性与个性。

只有打破旧有观念才能注入新动力，除了要依靠党委、政府的顶层设计和政策扶持，地市级融媒体中心自身也要积极打破以往产生的消极、懈

第七章　三级融媒共享联动生态的管理变革与制度重塑

息的情绪，打破旧观念，积极谋求发展，为地市级融媒体中心发展注入新动力，让地市级融媒体中心的建设发展不只是"嘴上说说""纸上谈兵"，而是要真正地发展落地，成为"有血有肉"的项目①。在省市县三级融媒体中心之间的沟通过程中，减少不必要的冗杂程序，形成相互连通的有机整体，模拟身体中"神经元—肌肉群—躯干"的协作方式，这样就离建设共享联动型融媒生态圈的目标更近了一步。

追求高效的垂直管理，必须有硬性的政策保证，通过完成统一目标的设定后这种管理模式也更有指向性。打造更加适宜融媒体发展的共享型云平台，不单是从发现自身问题来改进，也可以借鉴其他区域优秀融媒体中心的发展案例。

省市县三级融媒体共享联动生态的建立与完善，不仅可以提高跨机构联动、跨部门协同、跨组织管理的效率，还可以搭建起项目责任制平台，通过打破旧有部门间的壁垒，实现人才的流通和传播效果最大化。合理的项目制策划可以保证人员的充分流动和后备支持，也方便了对于报道责任的划分以及出现错误后的追责。主流媒体树立的项目部制、产品事业部制的组织架构理念，本质是根据不同业务类型形成相应的架构与建制，将垂直面向同一领域的资金、人才等线上线下资源汇聚在同一个部门中②。职权明晰有利于规范员工行为、减少浑水摸鱼的现象和应付了事的情况出现，也能有效规避"一棒子打死"造成的积极性下降的问题。目前已有部分县级融媒体中心实施了这种制度，实现了长效发展，可以尝试推广和落实。

垂直管理不代表信息、政策的单向传播，对于融媒体中心来说信息政策公开、内容素材共享尤为重要。在推行垂直管理后需要注意"管理是垂直的但信息应该是水平的"。在推行垂直管理后，对于重大新闻报道等特殊情况中可能会出现的跨级交流问题，也需要提前完善相关的政策规范，在有效保证新闻质量和速度的同时减少错误。项目制的工作群应该负责具

---

① 云彬. 地市级媒体融合发展困境及对策探究 [J]. 采写编, 2022 (3): 37-38.
② 胡正荣, 李荃. 推动媒体融合向纵深发展的系统论思考 [J]. 新闻战线, 2023 (6): 54-57.

体的新闻报道和突发事件处理等任务，以确保各级媒体能够及时准确地传递信息和报道事件。而职能工作群则应该负责规划、组织、指导和评估工作，确保整体工作能够有序进行。通过这种垂直管理的方式，可以使各级融媒体中心在各自的工作领域中，发挥出更高效的能力和专业性。

垂直管理不代表放弃横向上合理制度的建设，而应当"纵横交叉"实现如同经纬线般相互交织且井然有序的管理模式。此外，在团队的组建过程中，还应注重个人能力匹配和角色分工明确的问题。只有形成了高效协作的团队，共享联动型云平台才能更好地发挥其"融"与"通"的优势。

四、统一投稿渠道，建立"用稿—主创"直通模式

在调研中，不少县级融媒体中心的工作人员反映当前在省市县三级融媒体共享联动中存在投稿渠道不单一、多平台对稿件要求不同、需多次编辑等沟通不畅的问题。而导致这些现象出现的根本原因还是在于不同层级的融媒体中心在内容生产中所需要的视野不同、面对的受众对象不一样。在这种情况下，倘若要完成"一次采集、多种生成"，就需要从省市县三级融媒体共享联动云平台的高度来规范内容生产。作为顶层的省级融媒体中心要合理配置相关的工作，要把下级融媒体中心当作自己的合作伙伴，而非将其视为自己的"撰稿机器"；需要考虑到下级融媒体中心的人力、物力和资金等现实状况，分配相关供稿任务和活动举办任务；要对下级融媒体中心进行技术支持和管理帮扶，并定期开展交流沟通、培训学习；对于下一级的融媒体中心所生产的新闻产品、创新内容和核心数据要进行适度地、有效地提取及对外输送。

对于同一主题新闻素材的使用会因为其所在平台的不同而有所差别，在内容分发上也应该体现出产品的差异性。不能一味地要求县级融媒体中心向上级融媒体中心靠拢，否则就脱离了"土壤"，稿件之间的差异只能尽力地弥合，而不是一味"求同"。对于不同素材的运用，应选择最适合的形式和平台。如对于较为简单的稿件，可以直接通过县级媒体的报道后，市级媒体采用转载的形式，实现广泛的阅读，若还需要更多的浏览

量，则可以通过省级媒体或融媒体平台统一推送；对于需要追踪深入报道的稿件，可以根据不同融媒体平台的人力、技术等，进行前中后期的立体式报道，既满足不同媒体对于稿件数量的需求，同时也可以最大限度地实现人才、设备的使用。

在满足群众需求方面，要始终坚持"从群众中来，到群众中去"的理念。一些优秀的案例和先进的思想可以成为学习交流的案例。例如夷陵区融媒体中心提出的"上群众喜欢的菜"的做法，为群众提供送菜上门的服务和线上云旅游等服务，将更多政务服务和公共服务的内容与板块容纳进来，真正帮助群众解决问题与困难。该融媒体中心生产出了许多创新性的产品，如《飞阅夷陵》《百里荒"青燥"音乐节》等，通过上级融媒体中心和其他媒体平台的广泛宣传，赢得了广泛的关注，也树立了良好的地方文化形象。

要扎根本土，充分彰显全覆盖、一体化的新闻宣传理念，唱响基层主流声音。集中策划推出政府关心、社会关注、群众关切的全媒体报道精品，营造浓厚的宣传氛围，以"小切口"反映"大时代"①。市、县、区级融媒体中心可以主动与新华社、人民日报等在武汉下设的分社合作，推出"鄂报道"等（参考新华社"我报道"），让群众成为新闻线索的提供者，了解和获取群众的"口味"与需求。加强垂直深耕，积极创造条件，争取相关资源，打造自身品牌。在这方面，夷陵区融媒体中心的《飞阅夷陵》《我宣誓》等内容，发掘了地方自然风光与人文资源，探寻了属于本地人的集体记忆，而恩施市融媒体中心与利川市融媒体中心则是发掘本地少数民族的文化资源和自然历史风光，打造不同的、多面的区域形象。这些融媒体中心的创意内容和产品，不单单是对本地旅游资源的开发，也是对少数民族文化传承人的发掘，是对少数民族文化习俗的记录，继而形成尊重、传承和保护的体系，也会成为亮点与独特记忆。

---

① 黄楚新，李一凡. 县级融媒体中心建设要行稳致远［J］. 北方传媒研究，2023（1）：4－7.

接受新事物、开辟新的优质内容资源，也是省市县三级融媒体共享联动云平台发挥共享作用的底气所在。在这种模式下，省市县三级融媒体中心能够有效探索与群众的情绪共鸣点，并在信息传递中加入艺术性和互动性，从而提升内容产品的质量与影响力，提升新闻作品的可读性，达到深入人心的效果。

五、调整现有激励机制，激发记者创作热情

人力资源管理是现代企业制度的重要组成部分，它是指组织在经济学、人本思想的双重指导下，通过招聘、甄选、培训、报酬等管理形式，对组织内外相关人力资源进行有效运用，以满足组织当前发展及未来发展的需要，保证组织目标的实现和组织成员发展最大化，而采取的一系列活动的总称。

当前，中国新闻媒体的人力资源管理与薪酬管理制度，已经从过去单纯的人事管理制度，走向现在的人事制与企业制等多种结构并存、分类管理的形式。具体而言，从用工方式上看，由于历史原因，不少媒体都存在事业编制、台聘、频道聘用、栏目聘用、公司制、劳务派遣制等多种形式并存的局面；在薪资、福利待遇等分配制度方面，仍然存在"同工不同酬"的情况，事业编制和台聘人员的福利待遇要远远高于其他几种聘用形式，而劳务派遣制员工一般处于媒体机构中收入最底层行列。而在新闻媒体发展的低迷时期，这种多元化的人力资源管理和薪酬分配制度，不利于媒体组织的统一管理，也打击了部分员工的积极性，影响了媒体的转型发展。在这种情势下，人力资源制度与薪酬管理制度的改革迫在眉睫。

（一）智能传播时代融媒体中心的人力资源规划与管理

智能传播时代融媒体中心的采编流程、内容分发、运营及产业链发展等各方面都发生了巨大的变化，这不仅要求各级融媒体平台在组织机构设置方面实施垂直化、团队化、工作室化战略，同时也要求全媒体平台在人力资源管理方面，认清新形势的人力资源要求，做好相关规划，调整管理方式。

1. 人力资源规划

所谓的人力资源规划是指组织从战略规划和发展目标出发，根据内外部环境的变化，预测组织未来发展对人力资源的需求，并为满足这种需求所提供的各类人力资源活动，包括组织内部的职务编制、人员配置、人员需求、人员供给、教育培训、人力资源相关政策的调整等。人力资源规划的目的是合理规划组织人力发展，促进人力资源的合理利用，降低用人成本，并且使组织和员工都能得到长期利益。在做人力资源规划时，要系统分析组织目前的人力资源现状和人事动态，准确评估、评价组织中的人力资源需求，选择合适的人员并做好配置，制订并实施合理的人员培训计划。

对于省市县三级融媒体中心而言，随着媒体内涵与外延的拓展，媒体对人才的需求也发生了变化，它不仅要求采编人员熟练掌握各类视频采制设备和软件的操作，同时也对采编人员的创新能力提出了更高的要求，尤其是要具备面向移动端内容产品的生产能力。

推进省市县三级融媒体共享联动生态建设的目的在于更好地发挥媒体功能，因此在做人力资源规划时，首先需要从实现媒体功能方面来规划人力资源。访谈对象Y8就认为媒体转型之后仍然具有三个功能："第一个功能要用党和政府的声音占领这个阵地，占领新媒体这个阵地，来传达党和政府的声音，发挥我们的喉舌作用；其次我们还要不忘初心，要为老百姓服务，要为老百姓提供丰富的精神文化大餐、精神文明产品，我觉得这是我们的第二个功能；第三个功能，也是服务于社会，服务于百姓，我们要给受众，给他们提供各种资讯类服务，各种各样的资讯，丰富的资讯，方便大家的生活。这是我们搞这个媒体融合的目的。"[①]

此外，生产面向移动端的创新产品也是"互联网＋"对融媒体中心提出的新要求，这就需要从短视频的采编及创作能力、移动端运营等方面做好人力资源规划。例如，多位访谈对象都谈到了传统媒体的移动端需要更多掌握了视频制作能力的采编人员问题，"我们招人是向视频倾斜的，像

[①] 参见2023年7月18日对访谈对象Y8的访谈。

去年我们招的人里头大量的都是有视频能力的，文字编辑也是要求具有视频的能力"①。

对于将业务拓展到移动端的各级融媒体中心而言，短视频采编及创作人才、新媒体运营与管理人才也是目前必需的。东方卫视中心"独立制作人"施嘉宁就认为："我觉得独立制作人这个平台对我来说是一个战场，我觉得我们作为独立制作人，最值得去为之奋斗的，其实就是不停地用自己创新研发的节目，为东方卫视去创作一个个优秀的品牌。"②

2. 人才的招募与配置

人力资源配置指的是人力资源的具体安排、调整和使用。一般来说，组织会通过人员规划、招聘、选拔、录用、考评、调配和培训等多种手段和措施，来对人力资源进行适时、适量、适合的配置，以做到人尽其才、适材适所。人力资源的招募与配置不仅是人力资源管理的起点，也是其归宿所在。对于电视媒体而言，通过对新型人才的招募与配置，可以满足组织发展对人力资源的需求。

从岗位需求方面来看，新闻媒体采编岗中除了常规的记者、编导、导演、主持人，全媒体记者、新媒体编辑等融合媒体岗位也是各全媒体平台在人力资源方面的新需求。而技术支持与开发、营销运营与管理、活动策划与执行、数据互动分析、舆情分析师等新型岗位，则是伴随着媒体转型而诞生的，这些岗位的设立也折射了这些媒体在转型发展方面的举措。从需求数量上来看，这些新型岗位的人力资源缺口普遍较大。2019年和2020年，中央广播电视总台均发布了大型人才招募启事，平均每年招募300名全媒体方向的综合型人才。其中，人才招募岗位覆盖了采编岗、技术岗、经营管理岗等多个全媒体方向，并且出现了高级产品设计师、短视频创作制片人、移动直播制片人、首席大数据架构师、AI技术专家等全新的高要求性专业技能岗位。而中高级经营管理人才、新媒体运营人才也是目前电

---

① 参见2023年7月19日对访谈对象S7的访谈。
② 东方卫视（SMG）2020年校园招聘启动［EB/OL］.（2019-10-28）［2023-11-18］. https://mp.weixin.qq.com/s/1Fmm81tuQQMN_zwkZJMbnw.

视媒体比较稀缺的人才类型。中央广播电视总台招募的这些人才重点输送至视听新媒体中心、央广网和国际在线等网络媒体、融合发展中心、技术局、学习强国平台等机构，这也说明电视媒体正在实现人才技能结构从过去的单纯性视听媒体采编技能，向兼具全媒体传播和移动端内容制作技能、项目策划与执行、新媒体运营等多种技能的转变。

对岗位职责与要求的描述，体现了招聘单位对该岗位人力资源的规划与理解。从相关招聘广告来看，无论是采编岗，还是技术岗，甚至是新媒体运营岗，不少媒体单位都强化了对"互联网＋"应用以及对移动端内容生产的相关要求，体现了这些媒体对媒体转型的理解。而湖南广电对数据互动分析岗位职责与要求的描述，更体现了该媒体对互联网数据挖掘的重视，也回应了该媒体发展"媒体＋电商"业务的做法。广州广播电视台对舆情分析师岗位职责与要求的描述则体现了该媒体对网络舆情信息的重视，也体现出该媒体在用户意识方面的状态。

3. 人才的培训与开发

培训是针对人才的知识、技能、素质而开展的学习与提升的机会。定期对员工展开培训，能帮助员工获取满足岗位职责与要求的各种技能，也是组织进行人才开发的重要手段。媒体行业是一个变化与发展十分迅速的行业，这也要求媒体定期对自己的人才开展各类培训，对于全媒体平台而言更是如此。只有为员工制定科学而合理的培训计划，并定期展开培训，才能确保员工保持学习能力，适应媒体岗位的各种新要求。

当前基层融媒体中心都面临着严峻的人才挑战，但无论是管理者，还是普通员工，都认为技术培训非常重要，而且大家都认为通过新知识、新技术、新技能的培训，能增强自身的职业认同感。此外，媒体人士大多数都对新技术呈现出了积极、正面、乐观的态度与情感，但他们对智慧媒体包括AI、虚拟现实技术等新技术的认知并不太清晰。一方面他们渴望通过学习这些新媒体技术来改变自身困境，但另一方面他们又害怕这些新技术的采用，会给他们本就压力非常大的工作，带来新的不可预知的影响。因此，要在省市县三级融媒体共享联动生态的建设中实现技术赋能，这一方面需要培养媒体人更好地使用新技术的能力，而更重要的还是培养他们的创新思维和创新能力。

在这方面不少媒体平台正在进行积极的尝试。例如，浙江卫视在招聘人才时就承诺要给青年才俊提供多种培训，包括新员工培训、海外班、制作人培训、产品经理人培训等，并且会通过多方位的历练，以及单位领导直接带教等形式，加快"90后"年轻干部成长。目前湖北广电长江云和湖北日报都会定期面向市、县、区融媒体中心开展培训，而且部分融媒体中心也会安排工作人员前往国内高校进行业务培训，如宜昌三峡日报融媒体中心就安排工作人员前往复旦大学参加培训①。

总之，湖北主流媒体需要基于自身的优势，对推动媒体深度融合发展急需的管理、技术、经营人才，采取外部引进和内部培养结合的方式。而开展多样化的培训，提升员工的融合竞争力是十分有必要的，也就是要培养那些会使用技术的人。

4. 员工关系管理

员工关系管理（Employee Relations Management，ERM），是指在组织或企业的人力资源体系中，各级管理人员通过制定和实施各类管理政策以及其他沟通手段，有效调节企业、管理者、员工之间相关联系的一系列沟通和管理方式。总体而言，这些沟通方式和手段大多数是柔性的、激励性的，目的是提高员工的满意度，促进组织目标的实现，营造良好的工作环境。一般而言，员工关系管理包括劳动关系管理、员工纪律管理、员工人际关系管理、员工内部沟通管理、员工冲突管理、员工绩效管理、员工信息管理、企业文化建设、心理咨询服务、法律问题及投诉、员工关系管理培训等内容。其中，劳动关系管理主要是指员工劳动合同签订、劳动纠纷解决等内容，包括辞退、裁员、临时解聘、合并及收购等；心理咨询服务则来源于组织内部日益增长的竞争压力和工作压力，以及这些压力为员工带来的心理问题；员工信息管理则是大型公司里对员工个人信息、晋升情

---

① 参见2023年7月19日对访谈对象S1的访谈。

况、工作状况等信息内容的管理。

对于各级融媒体中心而言，在融入共享联动生态的同时，也要尽快建立起现代企业制度，及时处理媒体内部可能会出现的各类员工关系管理问题，并推动员工对媒体组织产生强烈的认同感，从而形成心理上的契约。由于融媒体中心业务的迅速拓展，有些员工可能不能适应岗位职责的新变化，有些员工可能不满意工资报酬及绩效考核，有些员工可能在与其他岗位的员工沟通之时出现障碍，有些员工可能出现了一些心理疾病和问题，这些都需要人力资源部门及相关管理人员及时发现，并做好应对措施，处理好、解决好员工关系管理中的各种问题。

员工关系管理的起点是让所有的员工都能认同组织的价值观和愿景，激励机制和约束机制是员工管理的重要助力，而心理上的契约形成则是员工关系管理的核心。各级融媒体中心的管理人员一方面要摆正心态、放低姿态，充分尊重每一位媒体员工的价值，同时也需要以身作则，履行职责，鼓励所有员工努力适应"互联网+"的新形势和新要求；另一方面也要善于识人于微、用人于长、适材适所，通过激励机制的设置，鼓励员工创新，发挥员工的最大价值，同时也要善于运用约束机制，约束那些不能积极适应转型发展趋势的员工。

5. 绩效考核与报酬支付

绩效考核与报酬支付是人力资源管理中的重要构成，也是组织在既定的战略目标之下运用特定的标准与指标，来评估员工工作状态及业绩，并支付一定报酬的一种管理方法。绩效不仅是一种管理工具，同时也是一种激发人才创新、鼓励新产品问世的推动力量。绩效的激励作用一旦发挥出来，就会成为企业发展的重大内推力。

（二）融媒体共享联动生态的薪酬管理制度

狭义的薪酬是指员工因为雇佣关系的存在，而从雇主那里获得的各种形式的货币报酬。它是基本薪酬和可变薪酬的综合，并不包括福利[①]。而

---

① 刘昕.薪酬管理（第5版）[M].北京：中国人民大学出版社，2017：13.

广义的薪酬既包含员工获得的货币报酬等经济收入形式，也包括各类非货币形式的福利以及非经济形式的薪酬，如满足感、安全感、社会地位、挑战性的工作学习与培训的机会等。人才是提升企业竞争力的宝贵财富，而薪酬则是企业吸引和保留人才的重要支撑。薪酬不仅能满足员工个人的基本生活保障，而且能够激发员工创造力，为企业创造和提升价值。薪酬管理，是指组织为了实现自身战略和经营目标，维护企业文化以及吸引、留住、激励和开发员工所制定的有关薪酬的战略、政策和制度，并且实施各项管理任务的全过程[①]。薪酬管理的目的是通过吸引、保留与激励人才，支撑组织战略和经营目标的实现。在这个过程中，组织会就薪酬的水平、体系、结构以及特殊员工群体的薪酬做出相关决策。作为一种动态的持续过程，组织还要不断地根据新形势和新情况来制订薪酬计划，拟定薪酬预算，并就薪酬管理的相关问题与员工进行沟通，对薪酬系统的有效性做出评价并不断予以完善。薪酬管理不仅是人力管理的重要组成部分，也是组织整体管理的重要构成，还是管理者人本思想的重要体现。对劳动者来说，薪酬意味着通过劳动所获得报酬，而对于组织来讲，则是经营中的成本。薪酬系统本身所规定的分配方式、基准、规则、结果，反过来都会对进入价值创造的人力来源及价值创造活动产生重要影响。

1. 当前融媒体中心薪酬管理的典型模式

随着媒体机构改革的深化，各级融媒体中心在计算绩效的方式上出现了许多变化，薪酬管理的模式也出现了相应的变化。总体来看，目前出现了以下比较有代表性的模式：

（1）薪随岗变、动态管理的模式

许多实行了独立制片人制的融媒体中心目前采用的是薪随岗变、动态管理的模式。即充分赋予独立制片人或团队领袖以自主权利，由独立制片人或团队领袖根据每位员工在团队内的贡献程度来分配薪酬。当然，团队内部需要制定严格的分配指标体系，以节目的收视率、满意度、社会影响

---

① 刘昕. 薪酬管理（第5版）[M]. 北京：中国人民大学出版社，2017：22.

力等指标来评价员工的绩效。如湖北广电就在探索这种管理制度，除了每月的基本工资和绩效，在奖励性绩效分配方面，以一个季度为时间核算单位，除了绩效分配外，还要解决业务干部能上能下的问题，以激发团队的活力。他们还建立了晋升与考核的双通道制度，即畅通管理通道和业务通道，让管理岗和业务岗的员工都有相应的考核机制和晋升通道。

（2）以部门为单位的积分制度

大部分媒体在薪酬分配上仍然实行的是以部门为单位的积分制度。即由部门负责人为每位员工的日常表现打分，然后根据积分多少决定绩效的分配方式。以采编岗为例，采编人员在传统电视频道上，每完成并成功播出一个视频作品会相应得到多少分，如果同时还在移动端有内容推送，则会增加相应的分数以示激励，如果作品评奖评优，也会有相应的积分奖励。在最终的薪酬分配上，采编人员的薪酬会根据积分的多少来决定，而每一分则会对应一定金额的现金，从而实现对员工的经济激励作用。例如秭归县融媒体中心就采用的是这种模式。

（3）项目制

除了积分制，也有一些媒体建立了项目制来对大型的专题和专栏等进行绩效和薪酬管理。其中，节目的收视率、阅读率、社会影响力以及内容质量都是重要的评判标准。收视率、阅读率都有直观的数据显示，而节目内容质量则是由评委根据节目的选题策划、整体包装、艺术表现、社会影响力、栏目竞争力、创新能力等标准来评判的。实行项目制管理的电视媒体一般都会赋予项目制片人或管理者以相当程度的自主权，并实行独立的预算及财务核算制度。例如，黑龙江广播电视台成立了纪录片4K工作室，以适应媒体融合市场的发展。不同于其他部门的事业身份属性，该部门作为市场化的出口实行独立核算。

（4）合伙人制

一些媒体机构还在工作室制度的基础之上推出了"合伙人"制。工作室制度以扁平化、专业化、垂直化、全流程的机制创新，打破了媒体内部的组织架构，有效连接了媒体的生产力与外部的市场资源，人才的创新力与活力也得到了激发,这也是中央关于事业单位人事制度改革精神的突出体现。而合伙人制则是在工作室内部,赋予团队成员以合伙人身份,并以合伙人形式来确定酬劳、绩效及奖励等的分配比例和分配形式,推动体制机制的改革,激发员工的主人翁精神和活力。例如,广东广播电视台在工作室的基础上推行合伙人制,让员工成为合伙人,让工作室成为内部创业的平台,在利润分配上采取工作室与电视台共同分享的形式。为了保障相关制度的顺利运行,广东台还推出了《奖励绩效发放办法》《实施业务拓展奖励指导意见》等文件,鼓励内部创新创业。

此外,除了正常的薪酬,一些媒体机构还专门成立了孵化基金,对那些善于创新、创意的员工以奖励。例如,黑龙江广播电视台的经营管理部门负责承接融媒体产品的生产与创新工作,其中该中心专门成立了一份1000万的孵化基金,以鼓励全台年轻人的创新和创意。黑龙江广播电视台的韩帅认为:"原有的体制里是没有这笔预算的,假如我是负责广电内容生产的,我一般不会单独再辟出来一个分支给其他端做生产,只需要保大屏就很费力了,没有精力再考虑小屏的问题。"[1] 这份基金创立的目的是通过创意大赛等多种形式来鼓励员工,推出好的创意和适合市场化的创意。

2. 完善薪酬管理体系的策略

在进行薪酬体系设计时,不仅要将其置于融媒体中心战略目标的整体框架之下,同时人力资源战略和薪酬战略的要求也要得到充分的考虑。薪酬体系的设计既要做到能够在短期内有效推进短期经营目标的实现,也要兼顾长远发展目标,为企业的长远发展打下良好基础。在设计薪酬体系时,还应当兼顾薪酬的外部竞争性和内部公平性。

(1)推进薪酬体系的科学性与规范性

理想的薪酬体系应该具备调节功能、激励功能以及人力资源管理等多种功能。而薪酬体系的科学化与规范化,则需要根据组织的战略目标和人

---

[1] 林沛. 独家揭秘黑龙江广电如何进军 MCN,"全国省级广电 MCN 联盟"呼之欲出![EB/OL],(2019-11-2)[2023-1]. https://www.sohu.com/a/351274291_613537.

力资源策略来不断调整薪酬体系，以适应新的情况。

在制定薪酬体系时，需要先考虑人力资源的配置情况。在全面梳理组织内部的各个岗位实际需求的情况下，应根据省市县三级融媒体中心共享联动云平台发展的需要来科学划分部门职能，并对岗位职责和岗位要求做出具体的描述，尽量匹配人力与岗位。在设置薪酬机制时，一方面需要以相应的工作量、工作难度、执行结果以及重要程度等指标为基准，形成公平的薪酬机制；另一方面还要多开展有关薪酬体系的交流会，倾听员工的诉求和意见，综合调整薪酬体系，以确保薪酬体系的科学性与合理性。其次，还需要建立健全的绩效考核机制与奖励机制。在此过程中，可以根据本单位的基本情况、其他同行单位的经验做法，以及社会总体情况进行综合考量，制定长期有效的考核制度和薪酬体系。

在薪酬体系建立后，还需要不断根据实际情况来进行调整。当部分员工薪酬长期停滞不前时，管理者需要对人力资源管理工作进行适时推进，分析究竟是什么原因造成的，然后再"对症下药"。如果是因为行业发展速度较快，员工工作能力跟不上，那就要对员工开展专业培训，提升员工工作能力，并引导他们获得关于工作岗位的新鲜感和成就感；如果是因为工作环境不好，员工看不到发展前景，那就需要改善工作环境，创造良好的平台和晋升空间；如果是因为员工在生活当中遇到困难，则需要积极帮助员工解决困难，并根据实际情况适当调整薪酬，以解决员工的发展问题；如果员工确实不能适应新岗位要求，可以考虑在协商的前提下调整员工工作岗位。总之，在制定薪酬体系时，需要运用发展的眼光。

县市区级融媒体中心在发展中更重视稳定性，因此在制定薪酬体系时也需要考虑到员工队伍较为稳定的特点，为员工提供可持续、可预见的薪酬预期和发放标准。同时，由于媒体属于典型的创意性行业，急需优秀的创意人员。而创新创意并不能单纯地用绩效制度来考核，更应该突出薪酬策略的激励性，为在职员工提供岗位技能培训、团队协作培训、创意孵化支持等多种激励性培训与保障措施。县市区级融媒体中心的薪酬政策更应该聚焦于如何吸引并保留有价值的员工，因此，应当采用更加开放性的薪酬策略，重视薪酬制定中员工的互动参与，同时也要结合自身发展需求，注重薪酬系统的完整性与协调性。

（2）实行弹性福利计划，提高福利政策的针对性

福利承载的是组织对员工的承诺及人文关怀。福利体系有助于提升员工对企业的认同感和忠诚度。在制定福利政策时，不要搞"一刀切"，要结合组织的能力和员工的需求，有针对性地制定福利政策，在控制福利成本的范围内，实现激励效果最大化。在制定福利政策时，应该实行弹性福利计划，即在法定的五险一金等福利之外，结合员工需求补充自助福利方案。一般而言，企业提供的补充性福利包括住房性福利、交通性福利、旅游性福利、健康性福利、教育性福利等，可以根据员工的工作成果、岗位级别等指标设定限额，并允许员工自主进行福利选择和组合。弹性福利计划可以有效细化员工福利，进一步提高员工的参与感和满足感，也能够进一步盘活人力资源，传递以人为本的企业文化。

（3）以市场化为导向，提升薪酬的外部竞争性

外部竞争性，也叫外部公平性，是综合对比组织内部薪酬与市场上其他企业薪酬的基础上体现出来的。薪酬缺乏外部竞争性往往会引发员工的跳槽与人才的流失，从而引发企业的人事危机，需要谨慎对待。目前媒体行业已经不属于高薪行业，在有些地方甚至出现薪酬水平与市场水平脱节，缺少外部竞争性的情况。随着市场竞争的加剧，融媒体中心对优秀人才的保留能力出现不足，而对那些富有创意的年轻人和融媒体人才更缺乏足够的吸引力，这将影响各级融媒体中心的发展。

各级融媒体中心在构建薪酬制度时要与市场薪酬水平接轨。而与市场薪酬水平接轨，实际上就是在岗位的市场价值、企业内部职能价值与企业的支付水平三者之间找到平衡点。岗位的市场价值评估依赖于对市场上商业媒体、新媒体和其他竞争对手薪酬水平的调查，需要在比较市场薪酬的基础上完善自身薪酬制度。而企业内部职能价值则需要科学分析媒体的岗位设置和岗位职责，拒绝"因人设岗"，实现"因事设岗、事得其人"，薪酬发放不搞"大锅饭"，而是充分考虑到岗位贡献，保证员工的薪酬随着

媒体效益的提升而相应增加，增强员工的主人翁意识。企业的支付水平则依赖于准确衡量企业的效益与利润。经过科学、全面的调查后，融媒体中心要建立起适应自身发展需求的薪酬制度，保障在行业市场中具有一定的竞争力，吸引创新人才，挽留优秀人才。

（4）薪酬分配中合理性、公平性、透明性的确立

薪酬分配中的相对公平并不是要在分配上搞平均主义和"大锅饭"，而是要通过建立科学合理的考评体系，准确评估员工的贡献程度和工作成果，并实行薪酬相对公平的分配。适度的公开化与透明化也是实现薪酬分配相对公平的路径。可以在允许的范围内公开薪酬结构、薪酬核算细节、绩效考核结果等信息，接受员工的质疑，并做出合理解释。同时有必要基于员工未来可能性而实行薪酬激励机制，让员工感受到在分配结果和管理程序上的双重公平性，避免不必要的纠纷，提高薪酬管理的规范性。

总之，在智能传播时代，省市县三级融媒体中心要积极推动人力资源管理手段和方式的科学化。要积极完善薪酬体系建设，推动薪酬体系的科学化、规范化，实现薪酬分配的内部公平性和外部竞争力，以绩效考核制度和激励机制来激发员工的创造力和创新能力，将物质性薪酬与非物质性薪酬有效结合，改善工作环境，重视对员工技能的培训和提升，全面提高媒体运作效率。

六、打破壁垒隔阂，纵深融合联动

"融"和"共享"是建设省市县三级融媒体共享联动云平台的重点，在建设过程中应坚持"分则各自为王，合则天下无双"的指导思想。推动省市县三级融媒体的融合走向纵深，不仅要提升产品、技术等要素的品质，更是要通过深化体制机制改革来激发活力，催生融合质变[1]。打破上下级媒体、各部门间应打破的壁垒隔阂，运用上文提到的项目制的方式，

---

[1] 胡正荣，李荃. 推动媒体融合向纵深发展的系统论思考［J］. 新闻战线，2023（6）：54-57.

将之更广泛地应用到工作中。此外，在内容生产追求深耕的同时探索运作制度中的纵深融合联动。

在调研过程中，我们发现当下省市县三级融媒体之间的壁垒可以分为行政级别间和行业间两大类，对于这两类壁垒应该逐个击破，让三级联动云平台真正因联而动。其中，省市县之间的壁垒多是由于政策的不灵活导致的，应在转变思想、完善政策的基础上，化解掉所有的隔阂和障碍。省市县三级融媒体中心在传播实践中是三个独立的个体，也是三个平等的平台。在三级联动云平台上，三级融媒体之间的互联与合作，也是一个交流学习、分享互鉴的过程，每一级的融媒体都各有所长，县级融媒体应该调动自身的积极性去探索发展的最优手段，完善自身供血能力；省市级融媒体在兼顾自身发展的同时，要向下一级融媒体中心有的放矢地倾斜资源、技术、资金，形成两方甚至三方协同发力，追求"1+1＞2""1+1+1＞3"的结果。与此同时，不同市、县级融媒体中心也可以选择协同合作的方式，化解"单打独斗"力量上的不足。

"开门办媒体"除了体现在自发性的内容创建上，也涵盖了与第三方平台对接。主流媒体要明确新媒体平台的传播规律，把平台中的优质内容转化为新媒体格式进行差异化推送，带动亿级媒体市场发展，从而扩大主流媒体"音量"①。荆楚文化本就是一体的，不妨结合从古代到现代的市县地域划分变化，在相似文化的基础上打造品牌区，结合当下受众喜爱的"梦幻联动"，寻找新的媒体形象宣传点，形成共振的宣传效果。目前部分县级融媒体树立的"乡贤文化""屈原文化""三峡文化"以及恩施自治州的少数民族文化都可以在现有的基础上实现联动，呈现湖北地区的独特魅力和时代风貌，提升湖北省各级融媒体中心的整体实力和影响力。

对于省市县间的壁垒来说，除了上文提到的内容，还存在技术上的壁垒。省级融媒体拥有着更多的人员、资金、技术及管理优势，在这种情况

---

① 袁菲，王飞，刘凤，等. 从相"加"到相"融"：融媒体时代主流媒体的发展与创新[J]. 邯郸学院学报，2022，32（1）：116-120.

下与其花额外的资金去重复建设融媒体平台，不如将现有的技术、人才资源实现共享，节省下的资金可以用于省市县融媒体共享联动云平台建设的其他方面。而共享平台也推出一些内部优惠政策，激励各级融媒体之间的壁垒打破以及实践创新。壁垒打破的力度取决于上级改革提升的决心，管理体制的改革必然伴随着阵痛，更应在多次实践中探索最优的管理条例。

对于行业的壁垒来说，应该鼓励发散思维，实现跨界融合。例如秭归县融媒体中心就探索出了"新闻+政务+服务+商务"的模式，夷陵区融媒体中心也探索出更多的"新闻+"应用，让行业壁垒在新闻媒体的宣传中隐于无形。新闻作为"伞式"学科，理应成为不同行业的有效抓手，实现报采双方的共赢。

省市县三级融媒体要先形成属于自身特色的内容，可以在"让群众少跑腿"的基础上不断完善自己的媒体服务内容，如借鉴学习安徽卫视《第一时间》、河南卫视《小莉帮忙》、湖北卫视《经视直播》等优秀民生类节目的思路，让不同部类的媒体账号有机结合起来，形成有"官方背书"的融媒矩阵。例如，融媒体中心可以与城管局合作，宣传不同市县的城市面貌；与市场监督管理局合作，维护当地市场的良性发展；与文旅局合作，探索小众特色旅游资源；与公安局合作，保障居民安全……借助新媒体的传播优势，形成新闻热点，丰富内容生产，形成创意。

各级融媒体中心只有不断探索、不断打破、不断试错才能为更高层级的融合提供数据和经验，省市县三级融媒体共享联动型生态圈的建设应该从管理变革与制度重塑中寻求更多的生机与活力。

第八章 省市县三级融媒的资源共享与配置变革

第八章　省市县三级融媒的资源共享与配置变革

随着媒体融合的深入推进，省市县三级融媒体中心的建设皆初现成效，但部分融媒体中心仍然存在着资金、节目、人才等资源不足的情况。在省市县各级融媒体中心共享与联动的过程中，也存在资源分配不对等、不协调的问题，从而进一步拉大了各个融媒体中心的差距。省市县三级融媒体中心共享联动生态建立的目标就在于破除各融媒体之间的壁垒、弥合各融媒体之间的差距，实现资源、数据、管理的协同与共享。

一、筹措资本，增加建设资金

（一）政府增大财政拨款，提高帮扶程度

来自政府的支持主要包括财政拨款和政策扶持两大板块。

1. 直接的财政拨款

政府不仅需要在融媒体建设初期给予财政拨款，在融媒体发展的关键时期也应该增大财政支持，以保障融媒体有足够的发展前景和造血能力。例如，赤壁市政府就对融媒体中心逐年增加财政预算，全力保障融媒体中心基本运行。自2017年以来，市政府采取财政拨款、项目补助、购买服务等多种形式对融媒体中心建设给予经费保障。2017年投入资金720万元，2018年、2019年均达到1000万元，2020年达到1350万元，2021年约1500万元。其中，在基础建设方面，政府投入876万元建设全景式播音大厅，投入97万元建设"云服务"多功能厅，投入78万元建设双微矩阵，连续三年每年投入100万元进行设备提档升级[1]。福建省尤溪县融媒体中心也得到了该市政府的大力支持，作为推进融媒体中心建设的全国试点单位，由市委主要领导亲自监督成立融媒体中心建设小组，并每年召开数次专题会议，研究解决建设中的实际问题。该市明确了融媒体中心优先参与智慧政府和智慧城市建设，并将1000多万元纳入地方政府年度财政预算，确保融媒体中心办公经费[2]。

---

[1] 参见2023年10月对访谈对象C1的访谈。
[2] 杨余. 2021年全国广电媒体融合调研报告[J]. 中国广播影视，2021（23）：32-37.

尽管尤溪县融媒体中心、赤壁市融媒体中心都在建设期间获得了地方政府的财政支持和专项支持，资金保障相对全面、到位。然而，由于地方政府财力有限，目前仍有相当多的县级融媒体中心无法得到充足的财政支持，尽管得到建设资金但多为一次性补助，难以支持融媒体长期发展。即使是赤壁市融媒体中心，由于缺乏针对县融运营的硬性配套政策，且融媒体中心的后续运营对技术要求较高，因此仅靠政府的财政补助还是远远不够的，吸引社会资金、增强自身的造血能力成为重要手段。

2. 地方政府的资源倾斜

除了直接拨款，政府在政策、资源上的倾斜对于各级融媒体中心的建设来说也同样重要。例如，宜昌三峡日报融媒体中心就承接了全市政务服务平台以及12345市民服务热线的建设工作，政府也将相关数据及信息与融媒体中心共享。在政府的政策倾斜下，该融媒体中心开设了"宜接就办"栏目，形成了"城市大脑＋融媒体中心＋媒体记者＋社区"的模式，能及时有效地解决群众"急难愁盼"的问题[①]。政府将相关服务热线与融媒体中心共享，让融媒体中心有了及时精准的一手资源，这也是一种形式的资源倾斜。广西马山县级融媒体中心在县政府的帮助下，通过申请调配、公开招考等方式吸引了大量优秀人才，为融媒体中心的顺利运行储备了人才。

（二）市场化经营以弥补建设资金不足

各级融媒体中心也应提高自身造血能力，拓宽媒体产业的经营范围，增加盈利途径和方式，以弥补自身建设资金的不足。全国县级融媒体中心领头羊——"长兴传媒集团"通过"县域＋媒体＋产业"的模式，整合了广电和报业的资源，借助市场力量实现产业化运作，逐渐探索出了一套值得参考复制的"长兴模式"。

秭归县融媒体中心在这方面也做得较为成功。该融媒体中心将自身新闻资源与本地橙子产业相结合，积极探索"融媒＋商务""融媒＋活动""融媒＋公益""融媒＋服务"等不同的发展模式，努力用"融媒＋活动"

---

① 参见2023年7月19日对访谈对象S2的访谈。

讲好秭归故事，推动经济发展，增强百姓获得感。成立四年来策划举办了年猪节、年货节、春茶采摘节、纳凉节、小水果采摘节、核桃青果开园节等文化活动201场次。2022年开展的全民读楚辞活动，共推出98期《楚辞咏流传》系列视频，吸引了全国各地近10万人参与，引发全社会读《楚辞》的热潮。举办橙子音乐节吸引了线下超过5万人次参与、60万网民线上观看。抖音"橙子音乐节"话题迅速刷上同城热搜榜第一位，24小时内话题阅读量超480万①。

县级融媒体中心结合本地经济或文化特色，在媒体联动中开展富有本地特色产品的电商直播，这是当前比较流行的一种"造血"形式。夷陵区融媒体中心就立足该区旅游在全省有位次、在全国有影响的特殊优势，携手本地企业打造《云端三峡》大型山水线上直播栏目，全网阅读量达1.5亿②，开创了全省县级融媒"媒体+旅游"先河，为奋力推动疫后经济重振和旅游发展复苏注入了强劲融媒动力。

（三）立足用户需求，增强社交平台变现能力

各级融媒体中心在建设中也要把握用户需求。当前用户接收信息的习惯发生了极大转变，从对文字信息的需求转化为对动态视频的需求，这是一个"无图像视频不新闻"的时代。在这个时代之下，融媒体中心应该把握用户的主要需求，坚持视频优先，也应该重视用户的喜好，并入驻用户量大的社交平台。

各大社交平台都有流量变现功能，各级融媒体中心入驻平台，深入挖掘本地用户，生产以本地用户需求为主的信息产品，将本地粉丝转化为可变现的黏性用户，这也是新媒体时代的一种盈利途径。夷陵区融媒体中心就立足本地用户需求，"上群众喜欢的菜"，整合融媒体中心与新时代文明实践中心平台与资源，实现"两心"融合，共同打造"5210我爱夷陵"服务品牌。在各大社交平台推送融媒体中心举办的具有特色的直播活动，

---

① 参见2023年7月18日对访谈对象Z1的访谈。
② 参见2023年7月18日对访谈对象Y1的访谈。

获得了千万级粉丝，也形成了流量变现的基础①。

根据用户 APP 使用习惯与偏好，与部分商业社交平台进行合作实现变现，这也成为融媒体中心变现的一个新途径。河南省汝州市融媒体中心就开展了与购物平台淘宝 APP 的合作，先后进行了 150 多次"书记镇长代言家乡"公益直播，不仅帮助农民拓展了销售渠道，解决了农产品的滞销问题，还彰显了融媒体的功能作用，实现了与农民互惠双赢的局面。

利用科技赋能，打造融媒体地方专属线上 APP 也是一种新的盈利方式。浙江省新昌县融媒体中心就打造了"我爱新昌"客户端，自上线以来，该应用吸引了大量本地用户以及企业注册使用②。

二、省市县三级融媒合作共赢，共享内容资源

（一）加强平台间的合作实现共赢

在信息资源爆炸及用户需求多样化的媒介环境下，省市县三级融媒体中心共享联动云平台应该积极协调统一全省媒介资源，对资源进行有序整合与有序分配，做到资源的充分合理利用。不同级别的融媒体中心拥有的媒介资源差距较大，省市县三级融媒体中心共享联动云平台有责任避免各级融媒体中心出现"强者越强，弱者越弱"的马太效应。应该本着共享共建、互联互通的原则，着力打造全省统一的融媒体系统，为市县级融媒体提供免费或优惠的技术及其他资源支持。

省级融媒体中心还要积极回馈市县融媒中心的节目资源，形成省市县三级融媒体资源互换的局面。各级融媒不仅要纵向寻求合作与共享，更要积极寻求横向合作，市级与市级之间、县级与县级之间，同样可以资源互通、共享联动。在这方面，黑龙江广播电视台联合各市县级融媒体中心共同推出的"乡村大喇叭"活动就是一个共享联动的例子。该活动的宣传内容由省级媒体生产提供，向下分发至各市县级融媒体中心，实现了非常可

---

① 参见 2023 年 7 月 18 日对访谈对象 Y2 的访谈。
② 高娃，俞倩婷. 如何让县级媒体客户端"活"起来——以"我爱新昌"APP 实践为例[J]. 传媒，2023（12）：21-23.

观的传播效果①。

（二）挖掘本地文化，打造原创内容

区县级融媒体中心更接近基层人民，对本地资源的挖掘最具有优势，也最容易打造"接地气"的融媒体产品。对区县级融媒体中心来说，本地资源获取成本低且为独有的一手资源，更容易生产出独具特色的内容产品。立足本地文化，制作富有本地特色的原创内容，不仅可以适应本地人的审美趣味，还能丰富基层融媒体的节目资源，减少依靠其他渠道而造成的内容生产成本。用购买节目版权的资金来打造原创节目，既节约了资金，又能最大限度地彰显了区县级融媒体中心贴近基层人民群众的特点。夷陵区融媒体中心就打造了《云端三峡》大型山水线上直播栏目，全网阅读量高达1.5亿，开创全省县级融媒体"媒体+旅游"的先河。夷陵区融媒体中心还对接本地群众精神文化需求，精心打造了一批富有地方特色、百姓喜闻乐见的文化传播品牌，如大型寻访纪实栏目《天南地北夷陵人》，大型网络直播栏目《我秀我的村》，持续开设《夷陵好人》《文学艺术》等专题专栏，与东方卫视等电视台开展《江山多娇——探访国家文化公园·长江篇》《中国节令——小暑》等联合直播活动，推出《夷陵年味》《文化过年》等系列视频②。夷陵区融媒体中心打造的这一系列文化产品，不仅让用户足不出户体验绝美的三峡风光，感受独特的峡江文化与风土人情，还为夷陵区做了宣传，助力打造长江文化地标，更解决了融媒体中心缺少节目资源的窘迫。

（三）统筹推进数字乡村建设

数字乡村建设是乡村振兴战略的重要内容。2021年3月11日，党的十三届全国人大四次会议通过的《中华人民共和国国民经济和社会发展第十四个五年规划和2035年远景目标纲要》明确提出要"加快推进数字乡

---

① 丛志成. 省级媒体带动区域融媒转型多元提速：黑龙江广电构建省市县融媒通联成效显著［J］. 全媒体探索，2022（7）：37-38.
② 参见2023年7月18日对访谈对象Y1的访谈。

村建设，构建面向农业农村的综合信息服务体系"①。《"十四五"国家信息化规划》又将"数字乡村发展行动"列为十大优先行动之一，并做出明确部署②。县级融媒体中心是推动数字乡村建设的重要助力。县级融媒体中心可以充分利用贴近"三农"资源的优势，努力开发"三农"活动或节目，打造为农民宣传，为农民谋求发展的作品，发挥好融媒体为人民服务的社会职责。

秭归县融媒体中心抢抓数字乡村建设机遇，为部门和群众提供了"一站式、智能化、综合性互联网服务端口"。"数字秭归可视化展示中心"的建设，提升了乡村基本公共服务的能力，提升了乡村治理的功能，实现了大发展③。数字乡村建设不仅彰显了县级融媒体中心的责任担当，也为县级融媒提供了独特的乡村资源，解决了内容生产的不足。

三、别出心裁，用心留住人才

在省市县三级融媒体中心共享联动生态的建设过程离不开优秀人才，用心留住人才成为影响建设成果的关键。

（一）重视老员工技能培训，提升人才创新力

各级融媒体中心不仅要考虑引入人才，也要重视对媒体人才的技能培训，建设一支全媒体人才团队。在新的媒体环境下，新闻工作者需要掌握多种理论知识以及多种媒体技能，培养一批一专多能的全媒体人才，才能适应行业发展的需要，保证融媒体中心的内容采编、生产与分发的专业化程度。

1. 注重培训内容的专业性与适用性

融媒体中心融合了新媒体与传统媒体的优势，要求工作者不仅要有扎

---

① 中华人民共和国国民经济和社会发展第十四个五年规划和2035年远景目标纲要［EB/OL］. 中国政府网，（2021-03-21）［2024-05-19］. https://www.npc.gov.cn/npc/c2/kgfb/202103/t20210313_310753.html.

② "十四五"国家信息化规划［EB/OL］. 中国政府网（2021-12-28）［2024-05-19］. https://www.gov.cn/xinwen/2021-12/28/5664573/files/1760823a103e4d75ac681564fe481af4.pdf.

③ 参见2023年7月18日对访谈对象Z1的访谈。

实的文字编辑能力、良好的沟通表达能力，还要有对图片、音频、视频、H5等的处理能力，更要有较强的互联网大数据的整理分析、资源整合的能力，以更好地发现媒体用户的真实需求。这些专业技能的掌握都需要与时俱进的专业培训。目前省市县三级融媒体中心共享联动云平台的培训集中在省级融媒体中心，每年湖北广电长江云和湖北日报全媒体中心都会面向市县级融媒体中心工作人员展开专业技能培训，帮助基层采编人员跟上新的媒介形势。一些县级融媒体中心也会定期开展员工培训，在这方面夷陵区融媒体中心的做法值得学习。他们采取定向培养、跟班学习、对口交流等方式，全面加强对专业技术人才的培养，优化完善了《年轻干部结对帮带制度》，通过以老带新的方式，加强人才队伍"传帮带"，加快青年干部的专业成长，不断缩短青年干部的适应周期[①]。

2. 培训时间常态化、培训方式灵活化

培训不能局限于某一时间段，应该作为媒体工作者的日常，将培训与学习融入日常工作当中以适应如今变幻莫测的媒介环境。培训也不该局限特定的方式，可以是固定的课程教学，也可以是员工之间的交流切磋，更可以是放到实际活动中的实践探索。

各级融媒体都应该将人才培训工作纳入顶层设计，给予足够的关注与重视，制定相应的人才培养政策，使人才培养形成一套系统完善的工程，对新老员工实施系统化的培训，以应对媒介、用户、媒体的各种变化。例如赤壁市融媒体中心对员工的培训就不局限培训方与地点。他们在对人才的培养上实施"三个一批"工程，积极寻找外部资源。"三个一批"指学习培训成长一批，通过"送出去、请进来"，选派业务骨干到人民日报、新华社、国家广电总局和省委宣传部、省广电局等处学习成长一批，打造"融媒大课堂"自办学习品牌成长一批[②]。依靠头部媒体资源，多途径打造人才队伍，也是人才培养的良好方式，有利于媒体人才的快速成长。

---

① 参见2023年7月18日对访谈对象Y1的访谈。
② 参见2023年10月对访谈对象C1的访谈。

（二）提高薪酬待遇，吸引新媒体人才

传统媒体时代，新闻工作者的绩效考核方法主要依据文字稿件的质量、视频广播播出的时长与条数等，但新闻作品的质量很难有统一的衡量标准，缺乏科学的考核评判体系。而在新媒体时代，融媒体中心可以根据员工具体的新闻作品进行可量化的点击量、阅读量以及用户的评价等作为考核标准，且新媒体的新闻作品不仅仅局限于文字或视频，漫画、动画、H5等作品都要纳入绩效考核当中，拓宽员工收入渠道，做到多劳多得。

赤壁市融媒体中心在这方面做出了有益探索。该中心努力探索"事业单位企业化管理"模式和市场化的运作方式，在资源整合与市场化探索方面初见成效。赤壁市融媒体中心按岗定责、按责定量、按量计分、按分计酬，考核结果作为评先表优和鞭策后进的重要依据，制定出台优秀作品评选机制和聘用人员"测、考、述、评、审"晋级机制。在编人员工资较2018年同期增长13.6%，奖励性工资增长26.4%，非在编人员绩效工资较2018年同期增长28.3%。其中，所有编辑记者均有绩效工资，依据工作能力拉开差距，人均月收入差距在3500元左右。以非在编人员吕某为例，2015年其作为普通编辑进入赤壁市广播电视台，2018年以来，通过"测考述评审"晋级，月工资较4年前涨幅达3000元，且晋升为策划编审部负责人，实现了个人与中心的共同成长。赤壁市融媒体中心还计划在未来制定更加积极、开放、有效的人才政策，老人老办法，新人新政策——对现有人员，政府给政策，县级出资金，解决五险两金问题；对新进人员，县编办提供全额事业编，县财政全额拨款保障，消除县级融媒体中心人心不稳的隐患，提升主流媒体人才吸引力和竞争力[①]。

（三）加强与高等院校的合作，留住新媒体人才

近几年，媒体与院校合作共建实习基地，从源头吸引人才成了众多融媒体中心探索人才引进的新路径。人民网河北频道与河北大学新闻传播学

---

① 参见2023年10月对访谈对象C1的访谈。

院共同建立了"新闻创新实践工作坊"实习实践基地,双方共同探讨全媒体背景下人才培养方向和方式,重视学生的语言能力、专业能力、跨文化交际能力和全媒体工作能力,共同培养新型传播人才。实习实践基地的共建既能培养学生的实践操作能力,又能为媒体输送新鲜血液,有利于促进人民网河北频道和河北大学新闻学子的共同发展[①]。湖北省教育资源丰富,更应推进部校之间的合作,与高等院校共建融媒体学院、融媒体技术研究中心、实践教学基地、人才培训基地、人才孵化基地,建立从理论到实践、实践到理论的人才双向流动机制,实现业界、学界人才融通共享的"化学反应",有效缓解各级融媒体中心的人才短缺问题。

四、制定完善合理的激励制度,盘活员工活力

媒体融合的改革关键在于人,随着媒体融合的深入发展,融媒体中心对人才的需求不断加大。各级融媒体中心应该及时做出调整,改革人才制度,吸引人才流入,激发员工活力。

(一)建立灵活的人才准入机制,创新对人才的聘用机制

人才的聘用可以根据政府规定的编制额度灵活调配,或者采用"年薪制"解决编制缺少等问题。对一般的记者或编辑岗位展开常态化招聘制,随时缺人随时招聘,保证一线工作需求;对于技术要求较高的岗位则采取"年薪制"灵活引进人才。

(二)创新绩效考评机制

充分发挥绩效考核的激励作用,激发员工的积极性。省市县三级融媒体中心在建设中都应该抛弃效率低下的旧考核机制,向企业考核制度靠拢,以企业化的标准考核员工。应该将考核与奖励紧密结合,将所有员工纳入一个考核体系,全体员工公平对待,多劳多得。为增强绩效考核工作

---

① 林福盛. 人民网河北频道与河北大学共建"新闻创新实践工作坊"实习基地[EB/OL]. 人民网-河北频道,(2023-4-27)[2023-11-28]. https://www.he.people.com.cn/n2/2023/0427/c192235-40395963.html.

的针对性和实效性，赤壁市融媒体中心制定出台了《赤壁市融媒体中心（赤壁广播电视台）干部职工岗位管理和绩效考核办法》及其补充规定，通过重点考核共性工作目标责任和岗位工作目标责任，不断激发人才队伍活力。月考核实行"双百分制"评分：共性工作目标责任为100分，岗位工作目标责任为100分，不同职能部门人员月绩效考核得分按照不同权重进行评定①。这种模式也值得推广。

（三）解决人才的后顾之忧

解决人才的后顾之忧，如编制问题、福利待遇问题、职称晋升问题、考核升迁问题等。区县级融媒体中心多是在原有区县级媒体基础上发展而来，在编制上存在一些历史遗留问题。目前区县级融媒体中心的人员构成通常包括三种情况：全额事业编制、差额拨款事业编制、合同制。不同编制在工资待遇、职称福利等方面都存在差异，这在很大程度上影响了从业者的工作积极性，也制约了融媒体中心专业团队的组建与发展。因此，要及时调整不适应时代发展需要的僵化做法，更好地激发人才的创新力。

（四）打通员工的晋升通道，激发人才动力

各级融媒体中心应考虑灵活分配编制名额，预留编制名额给优秀合同员工，对于优秀且有特殊专业技能的员工实行自主招聘，给予编制，保障员工发展前景。这一方面给员工提供了提升岗位的机会，可以大大增加员工工作的积极性；另一方面，员工能够看到发展前景，就减少了另寻他路的想法，也避免了人才的流失。

总之，随着媒体融合进入深度阶段，省市县三级融媒体中心之间并非彼此隔绝与相互竞争的独立个体，而应当加强相互之间的协作与联动，共建共享联动型生态圈。要通过技术的研发和管理模式的创新等多路径，推动省市县三级融媒体共享联动云平台的技术研发与应用推广，促进各级融

---

① 参见2023年10月对访谈对象C1的访谈。

媒体中心和广电云平台之间在技术能力输出、信息内容通联与分发、三级运营服务、大型活动组织等诸多方面实现数据资源与业务的共享与联动，推动广播电视产业上下游各个环节参与机构间建立信任机制，提升整体资源开发效率。

参考文献

参考文献

［1］延森．媒介融合：网络传播、大众传播和人际传播的三重维度［M］．刘君，译．上海：复旦大学出版社，2015．

［2］宫承波，庄捷，翁立伟．媒介融合概论［M］．北京：中国广播电视出版社，2011．

［3］郭全中．传媒大转型［M］．广州：中山大学出版社，2013．

［4］石长顺．融合新闻学导论［M］．北京：北京大学出版社，2013．

［5］彭兰．移动化、社交化、智能化：传统媒体转型的三大路径［J］．新闻界，2018（1）：35-41．

［6］黄楚新．"互联网+媒体"：媒介融合时代的传媒发展路径［J］．新闻与传播研究，2015，22（9）：107-116．

［7］黄楚新，李一凡．县级融媒体中心建设要行稳致远［J］．北方传媒研究，2023（1）：4-7．

［8］强月新，刘亚．从"学习强国"看媒体融合时代政治传播的新路径［J］．现代传播，2019，41（6）：29-33．

［9］黄楚新，薄晓静．深度融合时代主流媒体新闻客户端的发展创新［J］．南方传媒研究，2023（3）：12-18．

［10］胡正荣，李荃．推动媒体融合向纵深发展的系统论思考［J］．新闻战线，2023（6）：54-57．

［11］张明新，常明芝．5G应用背景下媒体融合发展的前景［J］．新闻爱好者，2019（8）：12-14．

［12］陈刚．数字逻辑与媒体融合［J］．新闻大学，2016（2）：100-106．

［13］宋建武．媒体深度融合：平台化、移动化、智能化［J］．视听界，2018（4）：43-48．

［14］肖珺，张春雨．全面移动化：构建面向5G的全媒体传播生态［J］．新闻与写作，2019（8）：26-32．

［15］谢新洲，朱垚颖，宋琢谢．县级媒体融合的现状、路径与问题研究：基于全国问卷调查和四县融媒体中心实地调研［J］．新闻记者，2019（3）：56-71．

［16］于正凯．技术、资本、市场、政策：理解中国媒体融合发展的进路［J］．新闻大学，2015（5）：100-108．

［17］雷婕，陈昌凤．人工智能与媒体融合：技术驱动新闻创新［J］．中国记者，2018（7）：27-30．

[18] 常江，杨惠涵．从创新实践到价值标本：全球新闻客户端观察［J］．南方传媒研究，2023（3）：19－28．

[19] 宫承波，孙宇．依托小程序的媒体融合路径探索［J］．当代传播，2019（2）：44－47．

[20] 王丽清．三峡日报集团：以"三评"探索版面创新［J］．中国记者，2015（3）：86－87．

[21] 罗春烺．以数字出版推动党报转型［J］．传媒，2013（9）：24－26．

[22] 罗春烺，高秉喜．打造科学高效的"中央厨房"指挥体系：以三峡日报传媒集团为例［J］．传媒，2017（21）：31－33．

[23] 晁小景，王庆生．讲好地方故事：新媒体时代旅游文化的融合传播［J］．新闻爱好者，2022（10）：63－65．

[24] 方启雄．平台化转型：县级融媒体中心参与基层社会治理的创新实践［J］．河南社会科学，2022，30（9）：104－110．

[25] 李登清，马丽．长江云平台化融合大直播的实践与探索［J］．传媒，2020（22）：20－21．

[26] 郭旭魁．重建地方感：作为传播物质性的县级融媒体与地方性空间生产［J］．编辑之友，2023（6）：47－52．

[27] 李兰，丁宇，丁雪伟．经济表征与内容生产：民族地区县级融媒体建设策略研究［J］．中国出版，2023（2）：8－12．

[28] 刘永坚，王子欣．县级融媒体中心技术平台建设的模式及发展建议［J］．传媒，2022（11）：32－35．

[29] 毛洁．新时代背景下新闻客户端的发展方向［J］．新闻研究导刊，2019，10（19）：254．

[30] 董立平．论主流媒体在新闻客户端传播渠道上的应用及发展方向［J］．传媒论坛，2023，6（6）：87－89．

[31] 张一麟．场景营销在品牌传播活动中的运用策略分析［J］．新媒体研究，2020，6（4）：66－68．

[32] 国秋华，陈乐．多边"下沉"中县级融媒体中心建设的问题与对策［J］．中国编辑，2020（11）：73－78．

[33] 王钰．省市县三级融媒体平台架构设计［J］．广播电视信息，2020（5）：

39－41．

［34］喻文举．县级融媒体中心绩效考核改革与创新策略探析［J］．传媒论坛，2021，4（15）：42－43．

［35］方启雄．县级融媒体中心高质量发展的经验启示及未来展望：来自河南的创新实践［J］．中州学刊，2022（8）：168－172．

［36］陈国权．扶持体系下县级融媒体中心市场机制构建［J］．传媒，2023（4）：32－36．

［37］刘彤，田崇军．民族地区县级融媒体中心的融合困境与"在地化"突围：基于四川省民族地区县级融媒体中心实证考察［J］．传媒，2022（16）：26－29．

［38］王浩．技术赋能县级融媒体中心的建设路径研究：以杭州市西湖区融媒体中心为例［J］．视听，2023（3）：150－153．

［39］赵淑萍，吴昊．动态变革：我国县级融媒体功能拓展的历史土壤与现实动能［J］．现代出版，2022（6）：74－81．

［40］陈晋，罗飞宇．县级融媒体中心能力建设的五个关键词［J］．中国记者，2023（11）：105－108．

［41］徐延章．技术赋能：媒体深度融合背景下融媒体智慧服务转向［J］．中国编辑，2023（Z1）：90－94．

［42］云彬．地市级媒体融合发展困境及对策探究［J］．采写编，2022（3）：37－38．

［43］谢彦云．融媒体改革存在的问题及对策［J］．西部广播电视，2022，43（6）：53－55．

［44］朱一帆．融媒体背景下电视民生新闻的发展对策思考［J］．采写编，2022（5）：49－51．

［45］袁菲，王飞，刘凤，等．从相"加"到相"融"：融媒体时代主流媒体的发展与创新［J］．邯郸学院学报，2022，32（1）：116－120．

［46］张雪霖．"轻资产、重功能"：中西部县级融媒体中心建设模式探索——以湖北省赤壁市融媒体中心建设为例［J］．中国媒体发展研究报告，2020（00）：44－56，200．

［47］杨余．2021年全国广电媒体融合调研报告［J］．中国广播影视，2021（23）：32－37．

［48］高娃，俞估婷．如何让县级媒体客户端"活"起来：以"我爱新昌"APP实践

为例[J]. 传媒, 2023 (12): 21-23.

[49] 丛志成. 省级媒体带动区域融媒转型多元提速: 黑龙江广电构建省市县融媒通联成效显著[J]. 全媒体探索, 2022 (7): 37-38.

[50] 赵文晶, 樊丽. 县级融媒体中心人才困境与解决路径[J]. 中国出版, 2021 (8): 31-34.

[51] 罗豫鑫. 利川调查: 武陵山区县级融媒体中心建设的个案研究[D]. 恩施: 湖北民族大学, 2020.

[52] AUFDERHEIDE P. Communication Policy and the Public Interest [M]. New York: Guilford Publications, 1988.

附录：调研及访谈大纲

尊敬的先生、女士：

您好！我们是"省市县三级融媒体共享联动云平台研发及应用"项目课题组，为了更清晰、更准确地掌握当前省市县三级融媒体共享联动云平台的建设状况及发展困境，特邀您参与此次调研。您的意见对本研究非常重要，相关信息仅用于科研目的，我们承诺将会对您的个人信息进行严格保密。感谢您的支持与配合！

一、基本信息部分（如已有相关信息此部分可省略）

1. 所在融媒体中心的名称，属于省市县的哪一级，创办于哪一年，采编人员配置情况？
2. 融媒体中心目前的建设情况怎样（包括目前采用什么样的系统，设备配置情况，是否支持对外联动等）？

二、融媒体中心日常运作情况

3. 所在中心对于什么样的内容会启动融媒体生产？
4. 相关系统的应用频率如何？
5. 采编人员对该系统的接受度、认可度及反响怎么样？

三、融媒体中心对外联动状况

6. 所在中心是否经常对外共享数据及信息，是否经常有联动？联动的频率如何？
7. 所在中心目前与省台的共享与联动主要表现在哪些方面？是否有典型案例？
8. 您认为所在融媒体中心与省级云平台之间是什么关系？
9. 所在中心在与省台的联动中存在的主要问题或矛盾有哪些？
10. 您认为目前影响所在中心对外进行共享及联动的原因是什么？
11. 是否有意愿加入省市县三级融媒体中心共享联动云平台生态圈？

四、共享联动云平台建设的诉求或期待

12. 您期待省市县三级融媒体中心共享联动云平台能支持哪些应用及运作，期待它能满足所在中心的哪些需求？

13. 您认为省市县三级融媒体中心共享联动云平台应当如何管理？其中省级融媒体中心或云平台与地市州县级融媒体中心各自处于什么地位？相互之间的关系应当是怎样的？

14. 您认为省市县三级融媒体中心共享联动云平台应当采取怎样的措施来支持和鼓励地方融媒体中心的加入？

15. 除了与省台进行共享与联动，您还期待所在中心凭借共享联动云平台与哪些媒体机构或平台产生联动？

16. 您认为相关管理部门应当采取怎样的管理制度和机制方法来管理省市县三级融媒体中心共享联动云平台？